Rainer Maria Rilke, l'existence en figures

5-7, rue de l'École-polytechnique ; 75005 Paris

http://www.librairieharmattan.com
diffusion.harmattan@wanadoo.fr
harmattan1@wanadoo.fr

ISBN : 978-2-336-00587-4
EAN : 9782336005874

Gilles GUIGUES

Rainer Maria Rilke, l'existence en figures

Étude philosophique du poétique

L'Harmattan

Critiques Littéraires
Collection dirigée par Maguy Albet

Dernières parutions

Jeanne-Marie CLERC, *Etty Hillesum écrivain. Écrire avant Auschwitz*, 2012.
Ali ABDOU MDAHOMA, *Le roman comorien de langue française*, 2012.
Mehana AMRANI, *La poétique de Kateb Yacine. L'autobiographie au service de l'Histoire*, 2012.
Tommaso MELDOLESI, *Textes et poèmes autour de l'accident ferroviaire de Meudon, 1842. Une poésie de la catastrophe*, 2012.
Jean-Louis CLUSE, *Saint-John Perse, le poète en ses miroirs. Le même, l'autre et le multiple*, 2012.
Mamadou KALIDOU BA, *Nouvelles tendances du roman africain francophone contemporain (1990-2010). De la narration de la violence à la violence narrative*, 2012.
S. SEZA-YILANCIOGLU (dir.), *Nedim Gürsel. Fascination nomade*, 2012.
Myriam TSIMBIDY et Aurélie REZZOUK (sous la dir. de), *La jeunesse au miroir. Les pouvoirs du personnage*, 2012.
Richard Laurent OMGBA et Désiré ATANGANA KOUNA (dir.), *Utopies littéraires et création d'un monde nouveau*, 2012.
Jean-Louis CORNILLE, *Les récits de Georges Bataille. Empreinte de Raymond Roussel*, 2012.
Samia SELMANI, *Romans francophones et représentations du féminin*, 2012.
Laurence OLIVIER-MESSONNIER, *Guerre et littérature de jeunesse (1913-1919). Analyse des dérives patriotiques dans les périodiques pour enfants*, 2012.
Ali CHIBANI, *Tahar Djaout et Lounis Aït Menguellet. Temps clos et ruptures spatiales*, 2012.
Alexandru MATEI, *Jean Echenoz et la distance intérieure*, 2012.

« Vous dire l'existence ici, je ne le saurai sans doute jamais, chère amie (ceci est réservé au langage des anges pour se faire entendre des hommes) ; mais quand je vous dis *que* cela est, et que cela *existe*, vous devez me croire coûte que coûte. »

Rainer Maria Rilke

Prologue

On a voulu confronter l'œuvre de Rainer Maria Rilke à une lecture philosophique pour trouver un point de ralliement entre poésie et philosophie, une analogie entre les termes : dans le rapport ontologique que le poème entretient avec la vérité, se dépasse la réalité brute du monde. Parce qu'elle recèle quelque chose d'opaque, la réalité ne s'appréhende, en vérité, que dans l'affinage du poème. De la sorte, le poème fait accéder la réalité à une forme de vérité, dans la fiction qu'il installe entre le poète et le monde. D'où il ressort que la fiction du poème, accueil du dicible et de l'indicible, restitue quelque chose du rapport philosophique au monde en le problématisant : « Le poème évoque un monde, mais la réalité, si suggestive soit-elle, qui se présente là, a le caractère d'une fiction. »[1] Cela signifie que convoquer le monde dans le

---

[1] Voir Hans-Georg Gadamer, « Témoignage et affirmation », in *Le témoignage*, Paris, Aubier Montaigne, 1972, p. 163.

dire poétique consiste donc à le modifier en tout état de cause, de manière à ce que la fiction du poème l'institue nouvellement, le révèle autrement. En un certain sens, cela ramène à Aristote, pour qui la poésie est bien plus philosophique que « l'histoire » (*muthos*) ; la fiction née du poétique permet de dépasser la réalité mais aussi de faire émerger de l'action même de représenter la vérité du poème. Pour le philosophe, si la *mimèsis* prend pour objet l'homme comme sujet éthique et source de son action, les hommes « n'agissent pas pour représenter des caractères, mais c'est au travers de leurs actions que se dessinent leurs caractères. » [1] Si l'on suit Aristote, la *mimèsis* désigne ce mouvement qui partant d'objets préexistants aboutit à un artefact poétique, et l'art poétique est l'art de ce passage. Le travail du poète est donc avant tout de fiction. Le rapport que l'on a voulu souligner entre poésie et philosophie s'appuie donc sur la faculté propre à l'être de transparaître au travers de la fiction qu'il modèle, passage qui le relie au monde. On trouvera aussi quelque convergence avec Diderot qui dans son *Discours sur la poésie dramatique* a établi des analogies entre le poétique et le philosophique. Pour autant, les réflexions qui suivent n'ont pas consisté à appliquer le principe philosophique de la représentation au poétique, ni même à chercher à modéliser un lien substantiel entre deux formes de rapport au monde.

Il a été question de prendre en compte un trait insistant dans la poésie de Rainer Maria Rilke : le poète se confronte à l'irréductible du dire, dans une parole portée au plus haut, en associant étroitement le monde des figures à sa poésie - dont il parle comme de « l'aventure

---

[1] Se reporter à Aristote, *La Poétique*, (IVe s. av. J. -C.), Paris, Seuil, coll. « Poétique », trad. du grec par Roselyne Dupont-Roc et Jean Lallot, 1980, chap. 6, 50 a 20-21, p. 55.

silencieuse des entre-espaces ». Poésie qui permet de dire l'existence au plus près, en portant le plus fidèlement possible témoignage de son extraordinaire présence, en tant qu'elle offre à la fois la « projection au-dehors et la position dans l'espace ». Si tant est qu'une réalité soit à dire, la poésie doit s'y employer en faisant porter sa plus haute ambition à dire les choses dicibles. Mais du fait même que la réalité comporte une part qui ne peut pas l'être, il convient aussi de transcrire celle-ci dans le tour poétique. Ainsi germe et mûrit l'idée chez Rilke du poétique comme véritable suppléance de l'âme dévastée par les attaques de l'angoisse. À partir d'un point de vue particulier, le poète s'appuie sur l'affect dont il veut rendre compte tout en se libérant de la pression qu'il exerce sur lui. Si l'existence peut parfois abdiquer devant l'épreuve, il appartient à l'art de s'en emparer. Dès que Rilke parvient à dépasser la difficulté d'être dans le poème, il en ressent les effets libérateurs sur lui-même mais aussi sur sa poésie.

De même que l'amour est, suivant Platon, intermédiaire entre la possession et la non-possession, l'intercession de l'ange est ressource infinie dans le poème : projection du désir de dire pour honorer les choses. Figure des figures, il ressource le poème en transfigurant l'angoisse du poète dans une trouée irrationnelle, en conciliant l'aspiration à dire et tout ce qui résiste à une telle volonté. Ces deux aspects du dire sont unis dans la distance par laquelle ils se répondent dans le poème. Distance par laquelle sont laissées ouvertes toutes les sensations qui en émanent. L'ange est invoqué pour prendre la relève du dire, tout ce qui se retranche derrière le dicible, car il « incarne » l'échappée belle du pouvoir-dire et les inflexions du dire. Au vrai, l'ange s'apparente à une matrice poétique : en lutte contre l'indicible, le poète emprunte alors sa figure comme détour, et s'affronte à l'angoisse afin de la métamorphoser.

L'intériorisation progressive du monde, là où la réalité semble la plus consistante, suppose que l'homme puisse y consentir et accepter la mort comme prolongement naturel de la vie. Voilà pourquoi cet espace intérieur élargi doit accéder à la forme et au temps du poème. Pour rendre pleinement la lumière de la vie, accroissement intérieur, le poème doit aussi en restituer la « morne moitié » qu'elle accueille : l'Ouvert de la mort. [1] Mais cela ne signifie pas pour autant que le poème cherche à rendre compte de l'existence à travers « l'espace intérieur du monde » comme totalité intelligible qui en raidisse l'aspect ; plutôt, il la magnifie en la confiant à « l'assaisonnement des mots » (pour reprendre l'expression d'Aristote). Dans la force évocatrice des mots, Rilke cherche, par la Figure, à subsumer sa singularité sous le trait poétique : il construit le poème selon une rationalité qui est de l'ordre du général et de la nécessité. Dans la plasticité de la Figure, le dire semble être alors une modalité plus fine pour rendre compte d'une intériorisation absolue.

Dans la véracité du dire s'enveloppe l'authenticité qui consiste à rendre justice aux choses en les aiguisant dans le poétique : « Là où je crée, je suis vrai », peut-il alors confier dans une extrême lucidité. Dès lors, l'expérience poétique, qui l'aide à surmonter l'angoisse pour ne plus en subir la sape, l'encourage aussi à transformer cet affect de l'âme dans des choses d'art afin d'en rendre la véritable

[1] « Mais rendre la lumière / Suppose d'ombre une morne moitié. » Voir Paul Valéry, « Le cimetière marin », in *Poésies*, Paris, NRF Gallimard, coll. « Poésie », 1999, p. 102.

dimension. De même que l'épreuve est peu à peu transformée intégralement dans la mise en tension entre dicible et indicible, la vérité trouve sa demeure dans les mots. Le poète ayant puisé dans les eaux noires de l'angoisse pour servir ses fins poétiques, le poème hérite l'expérience ontologique : à la fois, rapport originaire du poète au Dire et fondement de l'œuvre. Mais l'épreuve de l'être se répercute dans la résonance de l'œuvre, en-tiers-de-soi. Si, dans le tranchant ontologique du poème, l'angoisse et l'être font unité, ce n'est pas de se joindre : le rapport qui les relie détermine l'expérience sensible qui, entre subjectivité et désistement, développe un surcroît d'être. Dans l'ouverture du poème s'éprouve une vérité par le sens qui s'y enveloppe. En s'emparant d'une réalité à dire la poésie rilkéenne ne l'épuise pas, puisqu'elle ne cherche pas à la traduire ; si elle la rehausse, elle ne la termine pas.

1 - L'ontologie du poème

Pour Rainer Maria Rilke, la souffrance - très longtemps imposée par l'angoisse dans les années traumatisantes de sa jeunesse (« cette longue épreuve de mon enfance ») - a été d'une telle violence qu'il n'a jamais cessé de se demander comment il avait finalement pu survivre à son « impénétrable fatalité ». Par le poétique, Rilke cherchera donc à se libérer de ce poids de l'angoisse impossible à exprimer autrement, afin de se « délivrer de l'abîme d' une détresse imméritée » [1] Le poète considèrera qu'il lui appartient de dire l'angoisse qu'il porte en lui pour en témoigner comme d'une chose d'art. [2]

---

[1] Rainer Maria Rilke, *Briefe II* vol. 4 : 351 (1892-1921), in *OEuvres 3, correspondance*, Paris, Le Seuil, trad. par Blaise Briod, Philippe Jaccottet et Pierre Klossowski, 1976, p. 446.

[2] À l'origine, la dimension anthropologique du témoignage s'inscrit dans le mot grec *martys*, « martyr » « témoin », issu de *mrtu*, qui veut dire « angoisse », « souci ». Le témoignage est l'acte ou le résultat d'attester une conviction qu'on porte en soi, dont on se soucie et pour laquelle on est anxieux. Le témoignage appartenant d'abord à l'ordre

En tant que souffrance existentielle, l'angoisse est un sentiment ontologique qui se propage comme une atteinte radicale, une mise à nu totale du sujet pour Levinas : « La douleur, cet envers de la peau, est nudité plus nue que tout dépouillement : existence qui de sacrifice imposé - sacrifiée plutôt que se sacrifiant, car précisément astreinte à l'adversité ou à la dolence de la douleur - est sans condition. » [1] Ainsi se marque en négatif la subjectivité du sujet, comme l'empreinte toujours vive de sa vulnérabilité extrême et l'exposition permanente à l'affection, à la sensibilité. Inconditionnelle, une insurmontable souffrance inscrit au plus profond de l'être en proie à l'angoisse une « passivité plus passive que toute passivité », un « temps irrécupérable ». Si l'angoisse ne peut trouver à s'exprimer, à se dire, en étant confiée à autrui, l'emprise de son atteinte est alors totale, exclusive. Car l'angoisse, pointe aiguë au cœur du mal, [2] ne se limite pas à l'état d'âme d'une douleur morale ni même à la conscience de la finitude. Par le dévoilement du néant qu'elle annonce cruellement, elle pointe le réel d'un monde qui se ferme à toute consolation ; irréparable mal de chair vivante, dans son acuité concrète, elle stigmatise l'*être-à-la-mort* : vécu et vérité de la mort. Irrécusable et inoubliable, ce dépérissement est le rongement de l'identité humaine : incarnation, dans toute sa gravité, d'une identité qui s'altère et désespère. Brisure singulière, l'angoisse est une souffrance irrémissible, qui accomplit sa destination

---

de la conscience, il s'ensuit alors une véritable négociation entre le « penser » du témoin par « souci » et la réalité dont il doit rendre compte. Le souci pousse le témoin à témoigner (souci, sollicitation du latin *sollicitatio* : « inquiétude, instigation »).

[1] Emmanuel Levinas, *Autrement qu'être ou au-delà de l'essence*, Paris, Le Livre de Poche, coll. « Biblio-Essais », 1978, p. 85.

[2] Voir Emmanuel Levinas, *De Dieu qui vient à l'idée,* Paris, Vrin, coll. « Bibliothèque des textes philosophiques », 1992, p. 196.

funeste dans la solitude ; née à l'intérieur de soi, elle y demeure sans pouvoir se partager. Elle sape la vie de l'*être-au-monde*, qui s'angoisse du *monde en tant que tel*, en rongeant le fondement de sa nature d'existant qui, selon Heidegger, « glisse dans son ensemble ». [1]

La condition mortelle de l'être est la marque même du tragique. Pour Heidegger, la négativité est dévoilée au *Dasein* à travers l'expérience propre de la mort vers laquelle il chemine inexorablement tout au long de son existence ; elle en *traverse* originellement l'essence : il est l'*être-pour-la-mort*. Dans cette prise de conscience où l'être se sait mortel, l'existence s'apparente à une chute incessamment arrêtée, pour ainsi dire, la vie du corps n'étant qu'une agonie d'instant en instant repoussée. C'est ainsi que l'angoisse s'attache à l'existence de l'homme, engagé dans une lutte perpétuelle pour la vie, et soumis à la constante menace de la mort. Schopenhauer évoque l'existence comme une lutte acharnée de tous les instants pour repousser l'effroi de la mort : « Pour la plupart, la vie n'est qu'un combat perpétuel pour l'existence même, avec la certitude d'être enfin vaincus. Et ce qui leur fait endurer cette lutte avec ses angoisses, ce n'est pas tant l'amour de la vie, que la peur de la mort, qui pourtant est là, dans l'ombre, prête à paraître à tout instant. » [2]

---

[1] Si l'angoisse rend le sujet étranger à lui-même, dans le moment où il est confronté à ce sentiment, il se découvre pourtant en elle, en telle manière que l'on puisse en faire la caractéristique fondamentale du mortel. Voir Martin Heidegger, *Être et temps*, (1927), Paris, NRF Gallimard, coll. « Bibliothèque de Philosophie », trad. de l'allemand par F. Vezin, 1986, p. 231, et, sur le souci, les pages 229 à 250.

[2] Se reporter à Arthur Schopenhauer, *Le monde comme volonté et comme représentation*, (1873), Paris, PUF, trad. de l'allemand par A. Burdeau, 1966, § 57, p. 395.

Vide intérieur difficilement communicable, l'angoisse fait le vide autour de soi, en creusant une crypte dans laquelle le sujet, reclus, s'enferme irrémédiablement. En contractant le monde, l'angoisse traverse l'être de part en part, suscitant de manière constante un serrement premier, dont rien ne peut altérer la pression. L'être sait que la vie l'engage vers les noires profondeurs de l'abîme, son ultime voyage. Les exemples ainsi ne manquent pas, qui évoquent l'existence par la métaphore du voyage marin agité, semé d'obstacles, dont le cap ultime est la mort. Schopenhauer, notamment, y recourt : « La vie elle-même est une mer pleine d'écueils et de gouffres ; l'homme (...) sait pourtant que, vînt-il à bout, par son énergie et son art, de se glisser entre eux, il ne fait ainsi que s'avancer peu à peu vers le grand, le total, l'inévitable et l'irrémédiable naufrage ; qu'il a le cap sur le lieu de sa perte, sur la mort ; voilà le terme dernier de ce pénible voyage, plus redoutable pour lui que tant d'écueils jusque-là évités. » [1]

Il en est ainsi chez l'homme : l'angoisse existentielle nourrit la pensée de la mort en telle manière que celle-ci coïncide avec l'être. Proie du destin, l'être a conscience de cette fatalité ; il se sait périssable. Néanmoins, si cette connaissance abstraite, dont la rationalité tombe au-delà des mots, fait éprouver au mortel la vie comme une marche continuelle vers la mort, un perpétuel trépas, elle l'incite naturellement à diriger sa volonté dans la conservation de son existence. Dans la certitude de cette irrémédiable chute, le désastre de l'être abandonné à lui-même se marque dans une souffrance existentielle que rien ne peut apaiser. Tous les efforts engagés par sa volonté se heurtent de front à une douleur infinie que rien ne parvient vraiment à évacuer : « Les efforts incessants de l'homme, pour chasser la douleur, n'aboutissent qu'à la

---

[1] A. Schopenhauer, *Le monde comme volonté..., op., cit.*, § 57, p. 395.

faire changer de face ». [1] Si l'homme, tentant de fuir la douleur attachée à l'existence, ne parvient jamais à s'en défaire, c'est qu'il est en permanence angoissé par l'idée de sa mort. Il est d'autant plus douloureux de se faire à cette idée que, d'une certaine manière, cela équivaut à en faire l'expérience en anticipant sa venue, comme une préfiguration sensible, mutation du vivant au mort. Empreinte de ce savoir, l'angoisse est à distinguer de l'émotion, dont le caractère est passager.

Selon Pierre Kaufmann, l'émotion met l'individu en présence de certaines modifications de l'espace perceptif, jusqu'à suspendre le privilège du réel sans nécessiter de justification réflexive. Ainsi, c'est la raison pour laquelle l'individu ému nous apparaît comme extérieur au réel, sans avoir toutefois renoncé à s'en couper. C'est pourquoi on peut se risquer ici à avancer que c'est seulement, semble-t-il, sur le fondement constitutif d'autrui que peut, d'une certaine manière, s'appréhender l'organisation (particulière, en fait) du champ perceptif où la qualité émotionnelle est appelée ainsi à se neutraliser. Dans cette expérience subjective qu'il ressent, l'individu fait se renvoyer l'Autre imaginaire à l'Autre réel. Voilà pourquoi il subsiste cette étrange impression d'extériorité vis-à-vis de *l'ému* : si elle nous est confiée ou même si nous l'observons, l'émotion qu'il ressent ne nous atteint pas vraiment ; fondamentalement, elle ne le peut pas puisque l'Autre nous en garde. Il y a une autre cause qui explique cette impossibilité : c'est la mise en suspend des choses pour celui qui traverse une expérience émotionnelle. Si dans le moment où elle se vit, l'expérience émotionnelle, éprouvée comme une décharge d'émotion (au même titre en ce sens que la honte, la pitié, la joie, l'amour, etc.),

---

[1] A. Schopenhauer, *Le monde comme volonté…, op., cit.*, § 57, p. 398.

habite l'individu et lui signifie, pour ainsi dire, une des possibilités immanentes à son existence, elle ne l'enseigne pourtant pas véritablement, puisqu'il en méconnaît la portée et en irréalise le vécu. [1] Comment, en l'espèce, pourrait-il justement en rendre compte ?

Ainsi, en la distinguant d'une simple émotion, nous voulons dire que l'angoisse n'est pas forcément attachée à l'existence sensible ; elle n'est, par voie de conséquence, pas localisable dans des qualités spatiales desquelles le sujet pourrait s'extraire, comme au sortir d'un cauchemar. En raison de l'intrication d'Éros et de Thanatos, qui y mélange les émois, le cauchemar s'affronte comme un monstre, une part nocturne, où se conquiert l'humanité. Dans les moments où l'angoisse suscite de l'émotion, on pourra toujours évacuer l'émotion, on ne se délivrera jamais de l'angoisse : l'angoisse récupère de ces moments-là la densité que l'émotion y a déposée en s'évaporant dans l'expérience.

Si, donc, on peut relever quelques accointances entre angoisse et émotion, tel n'est plus le cas dès l'instant où l'on parle de conduite répétitive de l'expérience émotionnelle. C'est d'ailleurs ce que fait observer Pierre Kaufmann, en abordant l'expérience émotionnelle d'un point de vue psychanalytique : apparentée à la névrose, elle n'est qu'une projection, au sens spatio-temporel du terme, qui rend caduque la naïve opposition du réel et de l'irréel. Voilà pourquoi s'il arrive que l'angoisse se confonde avec les atteintes d'une émotion, elle ne saurait être en aucun cas la forme particulière de répétition qui conforte l'individu, sujet aux crises d'angoisses, à voir

---

[1] Voir Pierre Kaufmann, *L'expérience émotionnelle de l'espace*, (1967), Paris, Librairie Philosophique Vrin, coll. « Problèmes et Controverses », 1999, p. 17.

dans son appréciation émotionnelle une vérité qu'il *décide* de faire sienne en la réitérant. En distinguant l'angoisse de la crise d'angoisses, nous voulons en marquer la différence radicale : l'une étant prise dans un *continuum* propre à l'affection profonde de l'être, l'autre étant constituée de la part du sujet souffrant d'une succession de dépendances au réel comme adaptation *continuelle*.

D'un point de vue philosophique, l'angoisse est investie d'un caractère permanent qui hante constamment l'être qui ne peut s'adapter à son serrement. Spectrale et non pas sensible, si l'on veut, elle se distingue des deux instances disjointes de l'émotion : l'émotion occasionnelle que tout un chacun *peut* ressentir par simple occurrence (durant la rencontre amoureuse ou artistique, en proie à la joie, à la peur) et l'émotion que le sujet pathologique *désire* reconduire par répétition d'un fantasme émotionnel dans lequel il forge un vécu que la réalité ne lui offre pas ou ne lui offre plus. L'épreuve de l'angoisse laisse très peu de place au pouvoir décisionnel de celui qui la traverse sans aucune possibilité d'élucidation. En affectant l'être elle peut aussi faire obstacle à son expression. Sa destruction peut aller même jusqu'à anéantir toute possibilité même de transcription. Pourtant, l'être sait qu'il doit surmonter le silence pesant de l'angoisse originaire. En un sens, l'épreuve de l'angoisse est l'épreuve de l'être. Mais comment confier à l'autre le travail de sape de l'angoisse, ce serrement permanent de l'être ? Si elle est originaire, l'angoisse continue néanmoins de cheminer avec l'être dans son accomplissement funeste. De sorte que l'on ne puisse pas vraiment parler de moment initial de l'angoisse qui trouverait une issue logique, voire une fin, mais plutôt d'un accompagnement continuel, d'un compagnonnage intime, dont l'être doit témoigner à autrui. La marche de la vie réserve un temps éternisé où se diffracte le rapport entre les choses et l'homme. Démuni face à cette diffraction, l'homme n'est alors plus capable d'une lucidité extrême (aperception, si l'on veut) vis-à-vis de l'insaisissable écoulement du temps, pris dans l'épais tissu de l'existence, les intrications de la vie elle-même dans son déroulement. L'existence en tant que telle se confronte alors à l'opaque réalité qui n'offre plus aucune perspective (du latin *perspicere* : « voir au travers »). S'il cherche à s'y employer, l'être se heurte néanmoins à une difficulté insurmontable pour (pouvoir) rendre compte de l'épreuve ontologique qui l'affecte, car celle-ci excède en fait toute expérience dicible. En un certain sens, l'angoisse stigmatise au plus haut point l'être dans un repli forcé sur la sphère individuelle, intériorisation dégradée du monde, sentiment du réel en soi où se marque la condition de l'être, l'existant qui souffre. L'expression de l'âme saisie au vif et le tremblement de l'être se marquent alors dans une profonde angoisse qui rend plus sensible encore la brisure de l'être.

Lorsqu'un destin singulier ne peut plus poursuivre une fin qui élargisse la base de la vie, que le monde n'est plus éclairé par un idéal ou quelque valeur transcendantale, l'obscurcissement de l'angoisse recouvre la totalité de l'existence. L'être inscrit alors son lieu propre dans une coque individuelle : sans perspective, sans étai ni force extérieure. L'angoisse fait éprouver le réel en soi, renfermant le monde et l'existence dans l'individuel. Ce faisant, elle marque une coupure radicale entre « réel » et « réalité ». Le réel s'apparente à ce qui « naufrage » la représentation dans l'individuel ; la réalité, c'est ce qui la convoque à être commune. Tandis que l'angoisse fait apparaître l'existence comme quelque chose de fermé sur soi, l'être se sent étranger au mouvement du monde : il se sait à la fois impliqué dans un déroulement inéluctable et coupé de sa logique. L'affect de l'angoisse se vit alors comme un espace intérieur d'où tout s'origine sans que l'être n'y puisse rien changer. Comme si l'ornière de l'existence était réglée sur l'ordre immuable de l'angoisse. Par une sorte de prolifération sans fin, l'angoisse s'accroche à l'être, fait ressentir l'existence dans de longs moments qui ne s'évanouissent jamais, mais éternisent des sensations douloureuses. Elle lui signifie l'inutile volonté de chercher à intervenir sur ce qui l'enracine dans le fond obscur de l'existence.

L'épreuve de la vie se marque d'une usure incessante. Dans sa noire densité, l'inaltérable matière de l'angoisse pèse sur l'être et inscrit l'emprise inexorable du Temps, dans l'imminence d'une révélation qui toujours se dérobe : le Temps s'arrête, le Temps en soi. Elle rend l'être absent dans le concert du monde comme un affect qu'il « reçoit » intensément, sans aucune médiation, sans pouvoir même le transformer dans une pensée ni l'affecter à une destination. [1] Le sentiment de l'angoisse saborde l'être en ramenant tout à son intériorité, sans que rien ne le force à l'échange. Sans adresse, l'affect grossit de soi et contamine le rapport à l'existence. L'être se plie à l'existence qu'il ne peut modifier comme si l'angoisse était imposée par l'ordre du donné.

Pour y avoir été fréquemment confronté, Rainer Maria Rilke a longtemps pensé que si l'on n'a pas vraiment de prise sur l'angoisse, autant s'en remettre à son vouloir

---

[1] Par sa médiation, la pensée permet à la représentation, qui vaut également pour autre chose, de se dégager de l'individuel : elle vise l'universel en établissant des liens avec des représentations communes. Voir Martin Heidegger, *Qu'est-ce qu'une chose ?*, Paris, Gallimard, coll. « Tel », trad. de l'allemand par Jean Reboul et Jacques Taminiaux, 1971, p. 147.

plutôt que de la défier. Néanmoins, lors de ses nombreux échanges épistolaires, il a progressivement pris conscience que cela ne tient qu'à la volonté de l'œuvre de répondre à l'exigence soulevée par la brisure de l'être. Le trait poétique lui est apparu à même de restituer la puissance fatale de l'angoisse existentielle dans les choses dites pour, à la fois, constituer une archive du vécu et un ressourcement de l'être. De la même manière que, pour Héraclite, la nuit est le fondement de toute lumière, dire le serrement de l'angoisse dans le poème permet de relancer la pensée de l'être.

2 – L'angoisse, l'épreuve à dire

La poésie de Rainer Maria Rilke ne se laisse pas du tout entamer par le lourd silence de l'angoisse attachée originairement à l'être, y compris quand il s'agit de l'angoisse de mort ; elle s'y confronte avec les ressources vives de la Figure. Être condamné à vivre avec l'angoisse, c'est être livré, sans appui, à son serrement. Le poète n'a donc finalement d'autre salut que de se tourner vers un autre soi-même : voix intérieure pour dire les choses éprouvées. Subsumée sous une forme particulière du Dire, pris dans une interlocution première, l'expérience vécue peut contourner ainsi l'indicible en intégrant le rapport à l'angoisse dans la poésie ; c'est pourquoi de l'intémoigné à l'intémoignable, du silence à la défaillance du dire, la prise en compte de l'angoisse par le poétique s'apparente alors comme une mise à distance de l'intériorité, qui transforme la difficulté d'être. Ainsi, le texte du poème s'enracine dans l'écart instauré avec l'intériorité dont il est né. Pour Rilke, cette traversée distanciée des fonds de la vie intérieure est une mise en abyme dans le poème qui, en tiers de soi, transcrit l'angoisse qui l'a fait naître.

Pour Rainer Maria Rilke, le regard poétique ne doit pas se détourner du terrible : « Il fallait, écrit-il, que le regard de l'art eût pris sur lui de voir dans le terrible même, et ce qui ne paraît que répugnant, la part d'être, valable autant qu'une autre. » [1] Selon Rilke, le vrai travail poétique ne commence qu'une fois cette épreuve est surmontée par l'amour de la vie. S'affronter au terrible pour pouvoir dire l'angoisse de mort suppose pour le poète de trouver le détachement nécessaire pour faire passer la vérité de l'angoisse dans les mots. S'il arrive que la congestion de l'angoisse serre le cœur du poète, le comprime comme un étau d'horreur et le plonge dans l'inconnu comme une projection noircie, il doit trouver un arrachement même provisoire à ses attaques térébrantes. Confronté au pouvoir souverain de l'angoisse, il n'a alors d'autre choix que de la transformer en chose d'art en telle manière qu'elle soit mise au service de sa création, à même d'éclairer ses ténèbres. Car la noirceur de l'angoisse préfigure les atteintes du trépas, effroi de l'agonisant qui s'enfonce dans l'abîme, moment où l'esprit ne tient plus qu'à un souffle (*pneuma* en grec désigne le souffle et l'esprit). En accueillant toutes les choses du monde (« champ nouveau pour le souffle »), l'expérience poétique doit pouvoir leur faire subir une métamorphose intégrale qui corrige et transforme radicalement la vie. Rilke ambitionne de montrer la « Nouvelle face » des choses ainsi dites pour sauvegarder, dans une prétention réparatrice, la plus grande dimension de la vie : son équilibre suprême. C'est bien ce que l'on perçoit dans la résolution dont il fait part

---

[1] Voir « Lettre du 19 octobre 1907, Paris », in Rainer Maria Rilke, *Lettres sur Cézanne*, Paris, Seuil, trad. de l'allemand par Philippe Jaccottet, 1991, p. 62.

au baron Uexküll : « Ne pas tenir l'art pour un choix opéré dans le monde, mais pour la transformation intégrale de celui-ci en splendeur. »[1] Aussi, en extériorisant la pure intériorité de l'espace total, né du contact immédiat avec les choses, le poétique accueille la totalité de la réalité, à la fois métamorphosée et sauvegardée. Ainsi, l'angoisse qui pénètre le poète de ses rayons noirs peut-elle se changer en humus qui nourrit le poème. Dans le même moment, le poète, proie de l'angoisse, s'en libère pour transformer en énergie créatrice le vide qui l'oppresse - le terrible étant assujettit dans le poème, comme le fait le chœur antique.

S'inspirant de la préface à *La Fiancée de Messine* de Schiller,[2] Nietzsche décrit le chœur antique comme un rempart vivant dont s'entoure la tragédie contre l'assaut de la réalité ; pure abstraction, en tant que reflet trompeur de l'existence, le monde de la scène se révèle être une vision du chœur : « (...) la puissance de cette vision est assez forte pour émousser le regard et le rendre insensible à l'impression de "réalité" (...). »[3] Fruit d'un usage tout particulier, le chœur instaure donc à la fois un décalage et une sauvegarde, puisqu'il est un monde intermédiaire que le spectateur grec regarde comme le « reflet de lui-même ». Dans cette configuration symbolique, « l'art dompte et assujettit l'horrible » et, de plus, « délivre du dégoût de l'absurde ». Le chœur a donc constitué l'acte fondateur de l'existence en représentations, en transmuant les passions par la distance d'un « acte salvateur », dirait

---

[1] Rainer Maria Rilke, *Briefe*, in Philippe Jaccottet, *Rilke par lui-même*, Paris, Seuil, coll. « Écrivains de toujours », 1970, p. 62.
[2] La préface de la pièce de Schiller, *La Fiancée de Messine* (1803), s'intitule « De l'usage du chœur dans la tragédie ». Voir *La naissance de la tragédie*, in F. Nietzsche, *Œuvres*, T. I, Paris, R. Laffont, coll. « Bouquins », trad. collective de l'allemand, 1993, p. 56-57.
[3] F. Nietzsche, *ibid.*, p. 60-61.

Nietzsche, qu'il instaura entre leur réalité et leur mise en scène. Ce qui n'est pas sans rapport avec le *spoudaiôs paizein*, « jouer sérieusement » dont parle Platon. Rilke parvient ainsi à faire entendre la tonalité de son angoisse dans une tristesse totale.

> Et quand je sors, le soir toujours plus loin
> de mon jardin pour fuir ma lassitude,
>
> je sais qu'alors mènent tous les chemins
> à l'arsenal des choses invécues ... [1]

Ces vers témoignent d'un accablement profond, fruit d'une tristesse inconsolable comme une sorte de terrible dissolution, un désastre de l'âme, un abîme qui « descend dans la profondeur de l'Être » (écrit Rilke à W. von Hulewicz) : détresse d'une foi naufragée, par quoi le Divin se corrompt, laissant le poète abandonné au serrement de l'angoisse et à la tristesse de son sort.

Pour Cioran, la tristesse, irrémédiable, remonte jusqu'à la racine de notre perte, elle marque de son empreinte négative l'impossible consolation que l'homme se répète dans l'adage de la Chute : « Je suis un animal religieux incomplet, je souffre doublement tous les maux ». [2] La chute d'Adam dans son sommeil provoqua l'apparition des sexes. Détaché du monde divin, il s'imagina alors submergé dans la Nature : il se dégrada et devint terrestre.

Pour une grande part, la poésie rilkéenne incarne et rend plus vive cette souffrance originaire de l'homme, l'existant problématique, coupé de l'absolu et proie de

---

[1] Rainer Maria Rilke, *Sämtliche Werke*, in Philippe Jaccottet, *Rilke par lui-même*, *op. cit.*, p. 42.

[2] E. M. Cioran, « Genèse de la tristesse », in *Précis de décomposition*, (1949), Paris, Gallimard, coll. « Tel », 2000, p. 196.

l'angoisse métaphysique. L'impuissance à accéder à la plénitude de l'être total signe le drame de l'homme qui se sent coupé de quelque chose de puissant : totalement autre et purement indéfinissable. Ainsi, pour Platon, l'âme, au souvenir de la beauté véritable, revêt des ailes et brûle de prendre son essor mais, sentant son impuissance, elle lève ses regards vers le ciel, négligeant les choses d'ici-bas. Ainsi naît et s'enracine l'angoisse dans la poésie de Rilke, dont les vers qui suivent dessinent la noirceur et l'illimitée profondeur.

> Je suis peut-être enfoui au sein des montagnes
> solitaire comme une veine de métal pur ;
> je suis perdu dans un abîme illimité,
> dans une nuit profonde et sans horizon.
> Tout vient à moi, m'enserre et se fait pierre. [1]

L'effondrement du poète replié sur lui-même se marque dans l'emprise absolue et irrémédiable de l'angoisse, rongement qui sape le fondement de l'être. Tandis que la solitude se referme sur lui, la nuit profonde de l'angoisse, en l'isolant du monde, l'enveloppe de sa carapace durcie. En entrevoyant la nature de l'atteinte inexorable, qui agrandit le vide creusé en son cœur, il entame l'affrontement lucide avec la terrible étreinte.

> Je ne sais pas encore souffrir comme il faudrait,
> et cette grande nuit me fait peur ;
> mais si c'est là ta nuit, qu'elle me soit pesante, qu'elle m'écrase,
> que toute ta main soit sur moi,
> et que je me perde en toi dans un cri. [2]

---

[1] R. M. Rilke, *Le livre de la pauvreté et de la mort*, (1903), Arles, Actes Sud, trad. de l'allemand par Arthur Adamov, 1982, p. 17.
[2] *Ibid.*, p. 17.

Alors qu'il s'engage sur la voie de l'acceptation de la souffrance existentielle, comme au seuil du gouffre, Rilke s'imagine emporté par la mort, passif, se signalant seulement par un cri. L'acceptation de la mort sera longue, difficile, et ne se fera pas sans retour en arrière. Les vers suivants le confirment, qui marquent tout à la fois le caractère inaltérable et profond de l'angoisse de la mort.

> Me suis-je enfin perdu en toi,
> uni au basalte comme un métal inconnu ?
> Plein de vénération, je me confonds à ta roche
> et partout je me heurte à ta dureté.
>
> Ou bien est-ce l'angoisse qui m'étreint,
> l'angoisse profonde des trop grandes villes,
> où tu m'as enfoncé jusqu'au cou ? [1]

L'angoisse de la mort est une atteinte irrémédiable, un enlisement de l'esprit sans possibilité de dégagement ; elle est *déjà* anéantissement. Dans sa sécheresse, la solitude, abandon de toute humanité, est pressentiment constant et préfiguration de la mort. Nulle pauvreté plus grande que la certitude d'affronter quotidiennement « la petite mort », celle qui désespère et fait souffrir dans l'attente de l'issue fatale, « la grande mort que chacun porte en soi ». La petite mort accompagne de sa misère les « hommes insatisfaits », sans les délivrer de l'angoisse pesante de ce savoir insupportable. Ainsi, en empathie avec ceux qui sont en proie à l'angoisse de mort, peut-il poursuivre sans résignation sa prise en compte d'un tel état de fait. Sa poésie fera mûrir le fruit du consentement à la mort : en transformant l'angoisse de mort (souffrir continûment *de* la petite mort) en son acceptation (vivre *avec* la grande mort).

[1] R. M. Rilke, *Le livre de la pauvreté et de la mort*, p. 17-18.

La mort est là. Non celle dont la voix
les a miraculeusement touchés dans leurs enfances,
mais la petite mort comme on la comprend là ;
tandis que leur propre fin pend en eux comme un fruit
aigre, vert, et qui ne mûrit pas. [1]

Dans le consentement total à la vie, chacun porte en soi l'angoisse de mort comme une attente du dénouement cruel (destin de l'*être pour la mort*) : plus qu'une sagesse, c'est un accomplissement pour Montaigne à partir du moment où l'on acclimate la peur de la mort. [2] Si bien sûr il est difficile d'en ôter le caractère funeste, une telle attente peut toutefois se transformer en acceptation de la mort, par une connaissance élargie de la vie intérieure, fouillée au plus profond de ses propres limites. C'est ainsi que pour Rilke l'acceptation de la mort ne s'apparente pas du tout à une résignation, ni, plus généralement, à l'effet d'une passivité posant le principe d'un secours extérieur (c'est en cela aussi que l'abandon du Divin se marque chez lui) ; l'acceptation marque le passage assumé de l'angoisse au consentement à la grande nuit, la mort. Si l'angoisse de la mort ne peut être confessée, elle en maintient prégnante l'idée. La dire revient alors à y consentir, donc à l'anéantir, mûrie dans l'acceptation de la mort, comme fin de toute chose. Accepter l'augure de la mort permet d'en lever la trame angoissante. En tant que rupture brutale, la mort ravit celui qui ne s'était pas encore préparé à l'affronter, donc à en finir avec la vie.

Car ce qui fait la mort étrange et difficile,
c'est qu'elle n'est pas la fin qui nous est due,

---

[1] R. M. Rilke, *Le livre de la pauvreté et de la mort*, *op. cit.*, p. 19-20.

[2] « Le but de notre carrière c'est la mort, c'est l'objet nécessaire de notre visée : si elle nous effraie, comme est-il possible d'aller un pas en avant, sans fièvre ? » Voir « Que Philosopher, c'est apprendre à mourir », in Michel de Montaigne, *Essais*, Livre premier, (1580), Paris, Le livre de poche, 2002, p. 159.

mais l'autre, celle qui nous prend
avant que notre propre mort soit mûre en nous. [1]

Puissance fatale, la grande mort, que chacun porte en soi comme la conscience de sa propre mort à venir, trouve une acuité bien particulière chez le poète : investissant son intériorité, elle en est aussi le fruit qui à la fois gouverne et aimante sa création, tourmentée de sentiments contraires vis-à-vis de ce savoir angoissant. La poésie en récupère tout le trait philosophique : d'une certaine manière, la plénitude du mortel ne s'atteint que dans la métamorphose de l'angoisse de mort.

Livre de la souffrance, *Les Cahiers de Malte Laurids Brigge*, permet à Rilke de transformer ses angoisses dans l'expression littéraire : « J'apprends à voir. Je ne sais pas pourquoi, tout pénètre en moi plus profondément, et ne demeure pas où, jusqu'ici, cela prenait toujours fin. J'ai un intérieur que j'ignorais. Tout y va désormais. Je ne sais pas ce qui s'y passe. » [2] Dans ces phrases du jeune Danois Malte Laurids Brigge, on retrouve entièrement Rilke. Elles correspondent en tous points aux tourments du poète. Dans cette intériorisation progressive du monde, que Malte Laurids Brigge éprouve, c'est la conviction de Rilke qui s'exprime (selon Bergson, une conviction ne se prouve pas, elle s'éprouve). Mais celle-ci n'est pas conviction directe du dire ; plutôt, elle est conviction contournée de l'épreuve. Pourtant, un dire en résulte. Ainsi, en décrivant les errances du jeune Danois solitaire, dans une ville, Paris, qui lui reste inconnue, Rilke explore son propre espace intérieur qui ne cesse de s'agrandir. Revigoré par

---

[1] Voir R. M. Rilke, *Le livre de la pauvreté et de la mort*, *op. cit.*, p. 21.
[2] Se reporter à R. M. Rilke, *Les cahiers de Malte Laurids Brigge*, (1904-10), Paris, Seuil, coll. « Points », trad. de l'allemand par Maurice Betz, 1996, p. 13.

cette lucidité retrouvée, le poète peut alors saisir la force qui est nouvellement déposée en lui pour l'exploiter dans le trait littéraire des *Cahiers*. S'il peut désormais puiser sa force d'âme en lui-même, c'est pour témoigner de ses moments d'affaissement moral, en nouant une relation à autrui dans la fiction. [1] L'expérience littéraire lui permet donc de restituer de bout en bout l'épreuve traversée par autrui et, de cette archive, témoigner comme de sa propre existence. Par ce biais, le poète, isolé du monde, trouve en lui-même la force pour sortir de cet exil : en passer par le Tiers. À partir d'un tel dessaisissement subjectif, sa vie intérieure, espace illimité, peut alors enfin se révéler pleinement être un bien précieux, inaliénable, garant de sa vie même.

Dans la poésie de Rilke, les traces de ce changement, qui correspond à la transformation intérieure de l'angoisse en plénitude, se retrouve dans l'ouverture sur le monde, qui se marque en fait dans toutes les images d'immobilité, comme la patience, l'attente, l'accueil, le recueillement ou encore la lente maturation (l'arbre, le fruit, le moine dans sa cellule) ; mais tout aussi dans les images du mouvement *pur* du passage, (l'oiseau, le vent, le pèlerin), l'élan désintéressé. En telle manière que, dans le poème, puisse être vraiment accueilli et converti l'affect de l'angoisse. Dorénavant, Rilke, s'attachant à ne pas garder l'angoisse au fond de lui-même, la projettera *dans* et *par* le poème. Dans ces vers de la Première Élégie de Duino, le poète repère parfaitement les traits majeurs de l'angoisse à

---

[1] Le témoin suprême est celui qui a traversé l'épreuve : « (...) *superstes*, désigne celui qui a vécu quelque chose, a traversé de bout en bout un événement et peut donc en témoigner.» Voir Giorgio Agamben, *Ce qui reste d'Auschwitz. L'archive et le témoin. Homo sacer III*, Paris, Payot et Rivages, trad. de l'italien par P. Alferi, coll. « Bibliothèque Rivages », 1999, p. 17-18.

laquelle l'homme a à faire face : elle n'est pas sans objet ; elle est essentiellement angoisse devant le monde. Tel est le destin tragique de l'homme : être en face de ce qui masque le réel : « Voilà ce qui s'appelle Destin : être en face et rien que cela et toujours en face ». [1] Pour détourner sa menace, il s'attache à transformer le vide intérieur creusé par l'angoisse en espace agrandi (à l'image des « espaces célestes ») littéralement, en se desserrant de son étreinte.

La figure de l'ange permet de projeter l'angoisse indéfinissable, au motif inconnu, abritée depuis toujours comme un corps étranger. Dans le serrement de l'angoisse (du latin *angere* : « serrer »), l'être est en proie à une suffocation profonde, absolue ; il est pris et balloté dans le déferlement d'une débâcle. L'angoisse agit comme une mer intérieure qui submerge tout sur son passage. Rilke se libère de l'angoisse en la transposant dans un substitut sensible : l'ange. L'angoisse qui le rongeait intérieurement peut alors manifester au-dehors l'épouvante qu'elle porte : elle est bel et bien préfiguration de la mort. [2] Pour le poète, dans l'angoisse, le tremblement de l'être trahit l'inquiétant signe avant-coureur de la mort. L'ange, transfiguration du tragique, relaye l'être confronté à l'impensable. Mais il

---

[1] Huitième Élégie, in R. M. Rilke, *Les Élégies de Duino*, *Les Sonnets à Orphée*, (1923), Paris, Garnier- Flammarion, trad. de l'allemand par Jean-François Angelloz, 1992, p. 85.

[2] « Il me fallait attendre de rejoindre le lieu, inatteignable pour les vivants, dont j'avais, cependant, le pressentiment ; lieu institué qu'il serait aussi déraisonnable de désigner comme un lieu que comme un non-lieu. *Le lieu de la limite*, dirions-nous, si nous pouvions nous représenter celle-ci ; mais cette limite aucune ligne, aucun trait ne peuvent la fixer. Elle est impensable. » Edmond Jabès, *L'ineffaçable, L'inaperçu. Le livre des ressemblances*, III, Paris, NRF Gallimard, 1980, p. 92-93.

n'empêche pas le poète d'être tenté parfois de se libérer de l'épreuve en s'ouvrant aux espaces illimités.

> O et la nuit, la nuit, quand le vent plein des espaces du monde
> nous ronge la face - à qui ne resterait-elle pas, la désirée,
> doucement décevante, épreuve qui devant le cœur isolé
> dresse sa menace. Est-elle plus légère aux amants ?
> Hélas ! ils ne font que se masquer l'un à l'autre leur sort.
> (...) Jette hors de tes bras le vide
> vers les espaces que nous respirons ; les oiseaux peut-être
> sentent l'air plus vaste d'un vol plus intime. [1]

S'il lui arrive d'élever un regard nostalgique vers les espaces célestes pour se libérer de la nuit de l'angoisse, il considère son art implanté plus profondément dans l'humain en tant que postulation du dire (« pur d'avenir »). Véritable éclairage intérieur, le poème, par lequel s'atteint un degré supérieur de l'être, accueille des expériences qui, « sans contenu au sens d'ici-bas, appartiennent à une supérieure unité d'événement » : « comme s'il appartenait aux choses de se réunir pour constituer de l'espace, un espace aussi intact que l'intérieur d'une rose, un espace angélique, dans lequel on se tient paisible. » [2] Il se tient à une certitude rassurante : la vie évidée par l'angoisse appelle son envers, sa complétude dans le cercle parfait de l'Être à venir, repérable dans « la rondeur close du fruit » du figuier : accomplissement total, ascension lente et continue de l'arbre qui connaît et remplit parfaitement sa mission : ne pas vainement s'épuiser à fleurir pour pouvoir s'épanouir en figues. Comme le figuier, en accord parfait avec la nature, le poète ne doit pas s'arrêter à une seule transformation, ce serait-là une vaine floraison, il doit, en

---

[1] Première Élégie, in R. M. Rilke, *Les Élégies...*, *op. cit.*, p. 41.

[2] « Lettre du 26 nov. 1915 », in Rainer Maria Rilke, *Correspondance avec Marie de la Tour et Taxis*, (1910-26), Paris, Albin Michel, coll. « Bibliothèque Albin Michel », trad. de l'allemand P. Klossowski, 1960, p. 216.

transformant *ce à quoi* il se trouve confronté, créer *ce qui doit être*. En oubliant l'angoisse qu'il a transformée, il devance, rasséréné, ce qui sera.

> Figuier, depuis si longtemps déjà il me paraît lourd de sens
> que tu sautes presque entièrement la floraison
> et que, dans le fruit à temps résolu,
> sans apparat, tu presses ton pur secret. [1]

La source intérieure du poète est un paysage qui s'étend continûment, un accroissement des événements haussés au-dehors qui lui permet d'accéder à l'Ouvert, le « pur espace » selon son expression : pur espace en tant qu'il s'ouvre comme lieu infini, la mort que rien ne limite, où les choses accèdent *définitivement* à leur vérité.

> Toujours c'est le monde,
> et jamais ce qui n'est nulle part et que rien ne limite :
> le pur, l'insurveillé, que l'on respire,
> que l'on *sait* infini et ne convoite pas. [2]

S'il s'applique à le faire dans sa poésie, Rilke n'est pas toujours dans les mêmes dispositions quand l'angoisse lui est insupportable : dans ces durs moments d'abattements où elle affecte sa condition d'existant, l'atteinte qui se propage comme un sentiment ontologique, le paralyse. C'est ce qu'il confie à la Princesse de la Tour et Taxis : « Regarder en arrière est dur, regarder devant soi n'est point gai : *comme cela on reste cloué sur place et on voudrait fermer les yeux par une centaine de paupières l'une sur l'autre*. » [3] Face à l'adversité de l'angoisse, la relation épistolaire est une façon détournée de dire l'épreuve, qui, mise à distance, trouve un écho dans une

---

[1] Sixième Élégie, in R. M. Rilke, *Les Élégies...*, *op. cit.*, p. 73.
[2] Huitième Élégie, *ibid.*, p. 83.
[3] « Lettre du 28 mai 1914 », in R. M. Rilke, *Correspondance avec Marie de la Tour et Taxis*, *op. cit.*, p. 184.

lecture bienveillante. Ainsi la libération produit-elle son effet : « la vérité jaillit de son cœur » [1] dans la confidence.

L'accueil attentionné qu'il trouve chez la Princesse avait été précédé d'une relation semblable en tous points dans les échanges avec Lou Andreas-Salomé. Mais plus qu'une confidente amoureuse, il trouvait en Lou un soutien précieux pour ses fréquentes chutes dépressives et ses affres créatives. D'où le besoin qu'il éprouva de lui faire part de sa ligne de conduite créatrice comme un engagement dans les *Nouveaux poèmes* : il y clamait la ferme volonté de « faire des choses avec de l'angoisse » pour « transformer l'angoisse en choses qui soient *sorties du temps et confiées à l'espace.* » [2] Ne pouvant chasser cette affectation de l'âme, il devra donc s'en accommoder en la transformant en choses d'art. Si, dans un premier temps, l'impuissance à lutter contre l'angoisse est bel et bien réelle, elle se modifie au fur et à mesure de son acceptation en une prise en compte de sa négativité pour tourner cette difficulté d'être dans sa poésie. Dans le poème, l'aimantation de l'angoisse fixe le vide existentiel qu'il éprouve ; elle est le fond sombre de sa poésie. Rilke peut alors confier à sa poésie tous les tourments qui accablent l'être confronté à la finitude, éprouvée comme l'obscure menace d'un anéantissement, un néant. N'acceptant pas la mort comme prolongement nécessaire de la vie, il ne sait pas reconnaître l'espace pur : contrairement à l'animal, il ne voit pas l'infini de l'Ouvert, *Nirgends ohne Nicht* écrit Rilke dans la Huitième Élégie,

---

[1] L'expression se trouve chez Lucrèce : « Ah ! c'est dans les dangers qu'il faut observer l'homme, c'est dans l'adversité qu'il se révèle : alors seulement la vérité jaillit de son cœur ; le masque tombe, le visage réel apparaît. » Lucrèce, *De la nature*, (Ier siècle), Paris, Garnier-Flammarion, trad. du latin par Henri Clouard, 1964, p. 88.
[2] P. Jaccottet, *Rilke par lui-même*, *op. cit.*, p. 68.

soit « ce qui n'est nulle part et que rien ne limite » : le monde ouvert de la mort, le Tout sans formes ni limites dans l'espace ou le temps. Tandis que le mortel prend conscience de la détermination qui le conduit vers ce « néant et en aucun lieu », il ne peut pas en rendre compte puisque le langage lui-même, empreint d'une négativité, s'enracine dans un non-lieu. [1]

[1] Giorgio Agamben, *Le langage et la mort. Un séminaire sur le lieu de la négativité*, Paris, Christian Bourgois, coll. « Détroits », trad. de l'italien par Marilène Raiola, 1991, p. 105.

3 - L'ange, figure de l'Autre

Accablé par « ses grands désordres », Rilke cherche une extériorité pour étayer la fragilité de son « je » : être pris dans le rapport signifiant fondé dans l'Autre, c'est ne plus assumer solitairement le vide auquel il se confronte avec terreur. L'irrémédiable réel contre lequel il butte s'évanouit au contact de l'Autre qui, en gouvernant le dire, l'invite à se confier. Dans l'affrontement poétique, il réclame l'appui de l'Autre, orient qui, en le dépassant radicalement, le conforte dans une volonté ainsi affirmée : exister par l'entremise de l'Autre, appelé de ses vœux dans la figure de l'ange. Mais la quête de l'ange, affirmation obstinée, ne trahit pas le regret d'un absolu qui se substituerait au recours divin ou à la grâce. Dans sa poésie, il ne le convoque pas auréolé d'une grâce diaphane, apparat céleste le reliant au mystère divin d'un pur Éden. Le poète cherche simplement dans l'ange un regard pur et extérieur, Autre. En fait, c'est moins Dieu ou la nature (la Caution) qu'il vise, que le principe de son art poétique, le *chant* même de sa parole. Les propos de Valéry concernant Baudelaire pourraient tout aussi bien s'appliquer à Rilke : « Le poète, écrit Valéry, se consacre et se consume donc à définir et à construire un langage dans le langage (...) à constituer le discours d'un être plus pur, plus puissant et plus profond dans ses pensées, plus intense dans sa vie, plus élégant et plus heureux dans sa parole que n'importe qu'elle personne réelle. » [1]

Dans l'attrait de la pure distance, se tient, tout entière, la véritable raison d'être de l'ange : l'altérité radicale. Par une sorte d'interlocution, qui parle en Rilke, l'ange offre la possibilité de témoigner pour le poète. Par ce rapport intérieur du témoin au Témoin, Rilke est pour ainsi dire *appelé* à témoigner. Converti dans l'ange, l'Autre est garant *dans* le poème et *par* la parole du poète. En qualité de Témoin se présentant dans le vide de toute certitude, l'ange est la pierre d'achoppement de la parole poétique où le dire du poète advient à lui-même.

Rilke, dans sa lettre à W. von Hulewicz, donne à l'ange sa véritable dimension : « L'ange des *Élégies* est cet être qui se porte garant de reconnaître dans l'Invisible un degré supérieur de la réalité. » [2] Dans le poème, l'ange, ce garant, est invoqué en raison de l'hyperesthésie du réel qu'il atteste, relayant le poète pour dire les choses dicibles. Si le début des *Élégies* évoque les anges en tant que messagers de Dieu, [3] leur orientation se modifie peu à peu, tandis que Rilke se détache de la religion pour chercher

[1] Voir Paul Valéry, « Situation de Baudelaire », in *Variété I et II*, (1924 et 1930), Paris, Gallimard, coll. « Folio-Essais », 1998, p. 249.

[2] « Lettre à W. von Hulewicz », citée par J.-F. Angelloz, in R. M. Rilke, *Les Élégies...*, *op. cit.*, p. 32.

[3] Notamment : « Qui donc, si je criais, m'entendrait parmi les hiérarchies des anges ? ». Première Élégie, *ibid.*, p. 41.

une autre forme de « suffisance » (complétude dans le binôme homme-ange), qui considère le divin comme Transcendant en « dépensant » toute la transcendance en actes. [1] Dans la vérité du poème, l'ange se comprend à partir de l'homme. Il devient une fenêtre sur l'Ouvert, et non plus une médiation religieuse. Si, dans *Les élégies*, Rilke se sert de l'ange comme d'une figure méta-physique échappant à la vulnérabilité empirique, son intention ne consiste pas à le doter d'une valeur augmentative suprême. Rilke a cessé d'orienter son désir de dire vers un objet d'attention absolu. Comme le fait observer Platon dans *Le Banquet*, le désir ne contient en lui-même ni sa mesure ni son but. Dans la situation où le désir se donne un objet qu'il ne peut pas atteindre, il s'ensuit une condition douloureuse où l'intériorité (l'âme) *se sent* comme désir, par la distance qu'elle met entre ce sentiment et son objet d'attention. À la fin des *Élégies*, Rilke concède d'ailleurs que la grandeur de l'homme est précisément de ne pas être un ange. Puisant dans les choses d'ici-bas, la réalité terrestre, sa poésie recueille une somme d'expériences vécues. Rilke accepte d'éprouver (c'est la forme aboutie, finalisée du courage d'être soi, par-delà les affres du doute et de l'angoisse) puis de partager son intériorité secrète dans la forge des phrases qui composent le poème. [2] Il s'agit alors de créer à partir de cela même qu'une véritable introspection aura permis de déceler. C'est là sa révélation.

---

[1] Pour Rilke, l'ange doit fournir la mesure de l'homme dans le monde des choses et du réel. Ainsi écrit-il : « *Ce n'est pas dans le sens chrétien* (duquel je m'éloigne de plus en plus passionnément), mais avec une conscience purement terrestre, profondément terrestre, bienheureusement terrestre, qu'il s'agit d'introduire ce qu'on a vu et touché *ici* dans un cercle plus vaste, dans le plus vaste de tous. » Voir « Lettre à W. von Hulewicz, XIII », citée par J.-F. Angelloz, in R. M. Rilke, *Les Élégies...*, *op. cit.*, p. 30.

[2] Le verbe grec *poiein* peut se traduire comme la volonté de composer, forger, faire œuvre dans le meilleur des cas.

Créateur, il peut activer la spécificité qui le remue et l'accompagne depuis qu'il est en mesure de la reconnaître en tant que telle : comme un intérieur, dont il y a peu il ne savait encore rien. Mais si un autre poète naît, d'une certaine manière, avec l'assomption de la singularité qui le caractérise, son consentement est d'abord une séparation, une coupure radicale avec la solitude de ce savoir-là.

Une telle séparation pour atteindre l'unité de l'homme se repère dans les vers qui vont suivre. Rilke confronte l'être humain à l'animal pour faire ressortir que l'homme est en désaccord avec lui-même et avec la nature. Il n'est question que de préfiguration de l'unité pour l'homme qui, ne la connaissant pas encore, n'est jamais à l'unisson mais toujours à contretemps, coupé de lui-même et du monde.

> Nous ignorons l'unité. Nous ne sommes pas à l'unisson
> comme les oiseaux migrateurs. Dépassés et attardés,
> nous nous imposons soudain aux vents
> et retombons sur un étang indifférent.
> (…)
> Mais nous, quand nous pensons l'Un entièrement,
> nous sentons déjà le déploiement de l'Autre. L'hostilité
> nous est plus proche que tout. [1]

Rilke confère à l'homme un idéal difficile à réaliser. En désaccord avec lui-même, « disjoint et un », l'homme aspire à l'unité cosmique, le Tout, dont il se sait irrémédiablement détaché, jeté dans un monde hostile. Au contraire de l'oiseau - une des nombreuses figures chez le poète -, accordé au rythme du temps et de la nature, l'homme, porté par ses élans cosmiques, retombe en réalité « sur un étang indifférent ». En ce sens, la friction radicale avec l'Autre lui est indispensable pour connaître l'existence pleine et la vie cosmique.

---

[1] Quatrième Élégie, in R. M. Rilke, *Les Élégies…*, *op. cit.*, p. 59.

Voici qu'il s'agit maintenant de supporter ensemble
ce qui n'est que pièces et morceaux, comme si c'était le Tout. [1]

Rilke assigne une mission particulière à la poésie. Il incombe au poète d'organiser les fragments du « monde des formes » pour recréer le Tout, le « pur espace ». Dans cette acception poétique, qui consiste à unifier les éléments épars, on retrouve en fait la fascination exprimée pour Cézanne qui voit dans la « religion du paysage » la liaison des éléments dissemblables reliant dans le « même élan d'être » ce qui s'éparpille. Une même volonté semble réunir le poète et le peintre : recueillir une présence ouverte au monde qui *réalise* l'échange entre le proche et le lointain, le dedans et le dehors, non pour reproduire le réel, mais l'éprouver de l'intérieur en y ramenant ses sensations.

Pour bien comprendre ce mouvement continuel entre l'intériorité du poète et le monde, il convient d'admettre que témoigner, dans l'ordre de la création, signifie premièrement *réaliser* ; dans un second temps, c'est *faire espace*. Et du coup, ce qui toujours se voile, se retire en quelque sorte de l'espace exposé du poème, c'est l'exposabilité elle-même, c'est-à-dire le nœud de toutes les implications, le lieu où prend le Rapport de tous les rapports. Un tel lieu est création, non discursivité. Espace des *figures* et non figure dans l'espace. [2] Ainsi bâti, le pur espace du poème s'apparente à l'intégration progressive

---

[1] Sonnet XVI, in R. M. Rilke, *Les Élégies…*, *op. cit.*, p. 181.

[2] Des nombreuses qualités de la *figure*, retenons-en une plus particulièrement : son caractère plastique, évolutif, exprimant une « idée de manifestation inédite et de mouvance ». Pour une approche plus complète de la notion, se reporter à Erich Auerbach, *Figura*, (1938), Paris, Belin, coll. « L'extrême contemporain », trad. de l'allemand par Marc André Bernier, 1993, p. 10.

des signifiants du monde qui, par-delà le caractère aspectuel des choses concrètes, ramène à elle l'opaque réalité afin de la transformer. Là repose toute la dimension poétique propre à Rilke ; s'émancipant de tout ce qui relève de l'idiosyncrasie, il s'adjoint l'intercession de l'Autre. L'implication de l'Autre gouverne ce qui se dit dans le poème, en provoquant une rencontre qui se situe *au-delà même de son essence*. Pour envisager un tel positionnement, en quelque manière transcendant l'être de l'œuvre, il faut nommer, avec l'aide de Levinas, ce que l'Autre amène dans l'œuvre et représente aussi par elle : l'*Autrement qu'être* de l'œuvre. Cela revient à cerner au mieux ce qui, pour forger l'identité de l'œuvre, s'en écarte néanmoins radicalement. Comprenons bien. Si l'Autre s'implique originairement dans le témoignage des choses d'art - l'identité qu'il y construit est constitutive de sa forge même -, il amène bien plus qu'une profondeur, il en permet le dépassement puisqu'il y a toujours de l'être qui s'y rassemble. Levinas a montré qu'une sorte de présence, qui excède en tous points l'œuvre d'art, constitue ce qu'il appelle le « rassemblement en être », dans le but de produire, au sens plein, un « geste d'être ». Dans un geste d'être, la poésie rilkéenne instaure un rapport intangible à l'Autre fait tout autant de rapprochement que de distance.

Il faut admettre que l'Autre n'est pas ce qui aliène le dire poétique ; il est au contraire ce qui l'éveille. La forme du dire est conditionnée par ce tropisme originel vers l'Autre. Plus qu'une simple inclination, cela dénote une volonté résolue du poète : conserver quelque chose de « chez soi dans son autre », selon la formule de Hegel, pour qui *la véritable altérité à soi dans l'autre* se mesure à cette entière liberté de demeurer soi-même dans la rencontre ou dans l'épreuve. Constitutif du dire, le rapport à l'Autre est la relation d'abord investie, puis entretenue, dans quelque chose qui la dépasse, sans qu'il soit question d'une supériorité de l'Autre. L'Autre est ainsi altérité radicale fondatrice *en tant que* dépassement. L'Autre est déterminant en tous points ; il se légitime comme *orée* puis se concrétise comme *passe*, à la fois passage *entre* et passation *de* : « Le témoin témoigne toujours pour quelque chose ou quelqu'un qui le dépasse : en ce sens, le témoignage procède de l'*Autre* (...). » [1] Aussi, dans la transitivité qu'il ouvre, le besoin irrépressible à dire est la marque de l'Autre (grand opérateur du symbolique selon Platon). Le poème concrétise l'attachement constitutif et constituant (à la fois, par l'effectuation et l'effectivité du dire) de l'Autre dans le Dire qui y trouve sa plénitude. En ce sens donc, l'Autre est l'ouverture au rapport ; plus exactement, l'inscription d'une différence où le rapport signifiant se fonde des légitimations respectives par quoi chaque partie s'affirme face à l'autre. Si l'Autre constitue symboliquement le dire du poème, la matérialisation d'un tel penchant se traduit dans la figure de l'ange.

Il ne faudrait pas croire qu'un poème de Rilke ne garde de son rapport à l'Autre que l'empreinte spectrale qui en est à l'origine. L'Autre est incarné, notamment, dans la figure de l'ange. Irrationnel, l'ange est mis au service du poétique. Il instaure une distance, un écart fondateur qui se pose comme principe d'altérité : étant autre que le réel, il amène avec lui quelque chose de cette altérité dans le poème. Cela exprime une volonté du poète de se dégager un tant soit peu du monde à dire, sans pour autant se couper de la vérité des choses et des êtres. Le sujet du poème s'instruit dans la distance prise avec le réel en ouvrant une perspective dans l'œuvre qui en témoigne autrement. À ce titre, l'ange marque l'entre-deux, faille dans laquelle, à la fois, le sujet s'indique et s'absente.

---

[1] Paul Ricœur, « L'herméneutique du témoignage », in *Le témoignage*, *op. cit.*, p. 55-56.

Si elle est le fruit d'un dialogue intérieur, né d'ailleurs lui-même d'une interlocution avec l'Autre, la figure de l'ange introduit dans la matière même du poème ce que philosophiquement l'on pourrait appeler un rapport à l'incorporel, suivant en cela la conception stoïcienne. Dans le poème, l'ange convoque un rapport à l'incorporel en ce qu'il permet de relayer tout ce qui résiste à la représentation de l'être. Pour les Stoïciens, si la force vitale propre à l'être s'enracine dans une cause interne et active, cela explique que l'être, en tant qu'impermanence, instabilité, se révèle incapable d'offrir un point d'appui solide à la pensée par concepts (conception exactement contraire au point de vue de Platon et d'Aristote). En la distinguant de l'Idée de l'être, la figure de l'ange, désirée et convoqué par le poète, est à même d'approcher au plus près la cause interne de l'être dans son rapport à la mobilité. Pouvoir dire ainsi le secret de l'être dans son rapport à l'incorporel - un dedans tout en dehors, un nœud de rapports -, c'est pour Rilke croire et nous faire partager que l'être ne s'apparente en aucun cas à une Immanence absolue (en somme incommunicable), mais, au contraire, à une ouverture depuis un espace intérieur infini. À sa manière, en confrontant l'être avec l'événement à dire dans une seule et même temporalité, comme seul donné accepté, la figure de l'ange honore le rapport à l'incorporel prôné par les Stoïciens : « Aussi bien, la mise en rapport ne s'établit plus entre deux termes temporellement distants l'un de l'autre, mais entre l'événement présent et nous-mêmes, et il se place dans le seul présent. » [1]

---

[1] Sur la représentation, voir Victor Goldschmidt, *Le système stoïcien et l'idée de temps*, (1953), Paris, Vrin, coll. « Bibliothèque d'histoire de la philosophie », 1998, p. 123.

En se fondant sur leur théorie des incorporels, les Stoïciens ont permis de dépasser le clivage entre la pensée et l'être. La permanence de l'être ne s'oppose pas à l'idée de mouvement, d'extension de ses propres limites. L'être *est* l'incorporel comme pensée. La force de l'être, sa qualité propre, tient à son caractère mouvant dans le lieu et le temps, qui ne peut se concevoir que dans une véritable ontologie du rapport : tension qui s'exprime entre l'être indéfini dans des limites déterminées et l'être avec sa qualité propre derrière la forme qui paraît à l'extérieur. L'incorporel est ce qui constitue, à côté des seuls êtres réels, les corps, quelque chose de fuyant et d'insaisissable, un « néant », disent les Stoïciens. [1] En telle sorte que les limites des êtres contiennent en elles-mêmes les notions de mouvement, de devenir et de corruption des êtres, dans ce qu'ils ont de perpétuellement instable. Si bien que l'extension des limites de l'être n'est pas due à une cause extérieure, mais dans cet être lui-même - dans la prise en compte de son histoire et de son évolution. « L'être sera alors considéré lui-même, écrit Emile Bréhier, non pas comme partie d'une unité plus haute, mais comme étant l'unité et le centre de toutes les parties qui constituent sa substance, et de tout les événements qui constituent sa vie. Il sera le déploiement dans le temps et dans l'espace de cette vie, avec ces changements continuels. » [2] En définitive, le changement de l'être, évolution d'un vivant qui s'offre à l'apparaître par la forme extérieure, est gouverné par la force interne de son âme : « Elle détermine, écrit E. Bréhier, la forme extérieure de l'être, ses limites, non pas à la façon d'un sculpteur qui fait une statue, mais comme un germe qui développe jusqu'à un

---

[1] Emile Bréhier, *La théorie des incorporels dans l'ancien stoïcisme*, (1962), Paris, Vrin, coll. « Bibliothèque d'histoire de la philosophie », 1997, p. 60.

[2] *Ibid.*, p. 4.

certain point de l'espace, et jusqu'à ce point seulement, ses capacités latentes. »[1] Mais si l'être est considéré à la fois comme l'unité et le centre de toutes les parties constituant sa substance, la cause productrice qui vit en lui (la force vitale, âme), en tant qu'effet de l'activité corporelle, en étend les contours pour parvenir à une limite idéale et irréelle de son action.

D'une certaine manière, la poésie de Rilke parvient à surmonter une aporie. En intégrant au principe poétique le fait qu'il est des événements propres à l'être qui ne trouvent pas leur expression dans le langage, sauf à les concevoir dans leur rapport à l'incorporel : l'exprimable s'ancre alors dans un rapprochement intime de l'âme et de son objet. Sitôt que l'événement trouve à s'exprimer, il y parvient dans le rapport à l'incorporel, dans une forme de pensée qui résiste à toute logique. En somme, le secret de l'être, c'est de ne pas être rationnel. N'est-ce pas ce à quoi renvoie l'ange, en tant que pure création convoqué dans le poème, comme dépassement, extension illimitée des limites de l'être ?

Mais si l'ange instaure un rapport à l'incorporel, en tant que pure exposition au présent de l'événement, son épiphanie est concomitante de l'avènement de l'être. Par le biais du principe poétique, l'être et l'ange sont pliés à la posture du témoin, placés sur une même échelle de temps pour pouvoir dire l'événement. Hors logique rationaliste, la figure de l'ange repousse les limites du dicible en le livrant à une expérience limite du communicable : fissurer le bloc de silence, qui éteint le dire, pour communiquer ce qu'il en est de l'espace intérieur de l'être. Rilke a d'ailleurs très bien compris, pour l'avoir éprouvé maintes

---

[1] Emile Bréhier, *La théorie des incorporels dans l'ancien stoïcisme*, *op. cit.*, p. 5.

fois, que, par l'intermédiaire de la puissance d'une telle figure poétique, la nécessité impérieuse de transmettre l'expérience du tragique n'avait plus à abdiquer devant l'indicible. Ainsi, avec l'appui et le relais de l'ange, a pu naître chez lui une possibilité infiniment ouverte de reconstruire librement le monde en lui faisant porter un sens humain, en élargissant toujours plus sa vie intérieure (il évoque un « accroissement intérieur », « un espace agrandi ») pour questionner l'envers des choses et accéder à l'événement à dire. C'est un peu comme si le génie de l'ange rejaillissait sur la perfection du poème, insensible aux atteintes du mal. Voilà pourquoi nous avons tenté un libre rapprochement avec l'attitude stoïcienne : si radicale qu'elle puisse être, l'atteinte peut aussi se transformer en culte de soi.

Toutefois, si le poème est gouverné par la marge obscure de l'événement à dire, il est soumis également à l'expression du mouvement de l'âme qui transite par les modalités de la langue. C'est d'ailleurs ce qu'a très bien décrit Horace, dans son « Art Poétique », pour qui un dire est toujours en accord étroit avec la fortune - dans l'acception de situation - de celui qui l'énonce, car il révèle, après être passé par le filtre d'un processus interne qui modèle les émotions et les sensations, tout le long déroulement qui s'effectue depuis l'intériorité jusqu'à son expression : « Car la nature nous modèle d'abord au-dedans selon tous les états divers de la fortune, elle nous inspire la joie, nous pousse à la colère, ou bien nous plie jusqu'à terre sous le poids du chagrin et nous serre le cœur ; puis elle révèle au dehors les mouvements de l'âme en prenant la langue pour interprète. » [1] Justement, par le

[1] Voir Horace, « Art poétique », in *Satires, Odes et Épodes, Épîtres*, (Ier siècle), Paris, Société des Belles lettres, coll. « Les Portiques », trad. du latin par François Villeneuve, 1969, p. 502.

biais du langage l'ange se fait interprète de l'homme. Rilke opère une conversion qui l'élève au point de vue autre : dépassant sa condition humaine, il tourne son regard intérieur vers l'ange et le convoque dans sa poésie. Cet appel à une médiation pour suppléer l'intériorité défaillante vise si l'on veut le soulagement de la douleur morale : *un* apaisement, non *le* salut. D'ailleurs, dans nombre de ses lettres, en rappelant la véritable mission de l'art, l'auteur souligne l'importance d'une vie intérieure médiée par un tiers.

Avec l'intercession de la figure de l'ange, tout ce qui ordinairement pourrait obscurcir le regard du poète semble vouloir et pouvoir lui révéler une réalité que la vue ne peut pas percevoir : les biens de l'âme. Platon, dans *Phèdre*, en rapportant les paroles de Socrate, laisse entendre que pour tout ce qui est précieux pour l'âme, l'organe de la vue ne donne pas des choses une représentation nette ; ou encore que la réalité ne se contemple qu'à travers le prisme déformant d'images qui de fait n'en restituent pas une perception assez claire. Ainsi, Socrate peut-il avancer que l'être ne se laisse pas contempler par la vision : « C'est qu'en ce qui regarde la justice, la tempérance et les autres biens de l'âme, leurs images d'ici-bas ne jettent point d'éclat ; par suite de la faiblesse de nos organes, c'est à peine si quelques-uns, rencontrant des images de ces vertus, reconnaissent le genre du modèle qu'elles représentent. » [1] Voilà pourquoi, d'après ce qu'il semble, Rilke a recours à la figure de l'ange qui lui permet de lutter contre l'opacité qui reste attaché à l'être, tout ce qui à son propos reste à jamais dans l'ombre, le non-révélable, l'invisible, au sens platonicien.

---

[1] Platon, *Le banquet, Phèdre*, (385-370), Paris, Garnier-Flammarion, trad. du grec par Émile Chambry, 1964, *Phèdre*, 249 d-250 c, p. 129.

Pour Platon, le regard qui est porté sur l'être, dans son apparaître même, est d'une certaine manière absorbé par le *fascinum*, l'irregardable, schize entre le signe visuel et la trace de sa disparition : comme si les formes de l'objet de la vue, l'être, se refusaient en fait à celui qui regarde. Par la métaphore du regard, Platon suggère tout ce qui dans l'être résiste à son appréhension, rend sa contemplation impossible, empêche en fait de penser le rapport à l'être. [1] Avec Socrate, Platon partage l'idée suivante : seule l'âme humaine, qui s'est élevée, a par nature contemplé l'être ; la vision ne le peut – et se souvenir de ces réalités-là à partir des choses d'ici-bas n'est chose facile pour aucune âme.

Chez Rilke, la figure de l'ange permet de dépasser la violence du vivant dans laquelle s'éprouve l'expérience de l'être, l'inachèvement même. L'ange fait ressortir en négatif ce qu'il en est de l'illusion (ou l'impossibilité) de contempler l'en-soi en son identité de pure essence ; ou encore, il relaye la difficulté de fixer l'être dans une représentation ou dans des mots. Cela même qui donne figure à l'étant en sa manifestabilité, cela même qui conceptualise l'Être par le dicible, bref tout ce qui dans le rapport à l'Idée excède l'existence corporelle pour révéler l'âme, peut se dire par l'intercession de l'ange. Avec une telle figure, Figure des figures, la poésie de Rilke n'a plus

---

[1] « Le mot pensée veut dire à l'origine l'angoisse, le tourment, sens qu'on trouve encore dans la formule italienne : « stare in pensiero » (être dans les affres). Le verbe latin *pendere*, d'où vient le mot dans les langues romanes, signifie « être en suspens ». Saint Augustin en fait le même usage pour décrire le processus de la connaissance : " Le désir propre à toute recherche vient de celui qui cherche et reste pour ainsi dire en suspens (*pendet quodammodo*), sans autre repos que dans l'union avec l'objet enfin trouvé ". » Voir G. Agamben, *Le langage et la mort*, *op. cit.*, p. 191-192.

à se préoccuper de telle ou telle condition de monstration particulière puisque l'ange n'a pas à y obéir ; pas plus que le poète n'a à se soucier des possibilités même du dicible. Rilke a intériorisé le fait que sitôt que l'on veut mettre en mots ou bien donner corps à l'expérience de l'être celle-ci se présente alors comme improbable ; avec l'ange, cet obstacle se lève.

L'ange apparaît alors pour ce qu'il est : une présence évocatrice qui réclame l'imagination, et dont la puissance de négation rappelle à elle tous les absents, relance toutes les impossibilités. La figure de l'ange s'impose dans le poème comme une *image médiatrice*, pour parler comme Bergson ; image fuyante et évanouissante qui, par son aspect matériel et fantomatique, présente un caractère paradoxal et indéterminé en tant qu'elle s'est dessinée dans l'esprit de celui qui l'a produite : « (...) une image qui est presque matière en ce qu'elle se laisse encore voir, et presque esprit en ce qu'elle ne se laisse plus toucher, - fantôme qui nous hante ... » [1] Pour Bergson, l'image intermédiaire se situe entre la simplicité de l'intuition concrète et la complexité des abstractions qui la traduisent. D'une certaine manière, Rilke se sert de l'image intermédiaire, comme tour et détour de sa pensée, pour faire passer ce qu'il en est vraiment de l'intuition même des choses à dire là où l'expression conceptuelle échoue toujours à y parvenir. De l'élection de l'image intermédiaire, il élabore un motif symbolique : la figure de l'ange. En un sens, l'ange renvoie en négatif la pensée du poète ; révèle l'intuition même abritée derrière les mots : « Regardons bien cette ombre : nous devinerons, écrit Bergson, l'attitude du corps qui la projette ». [2] Voilà

---

[1] Se reporter à Henri Bergson, *La pensée et le mouvant*, Paris, PUF, coll. « Quadrige », 1999. p. 130.
[2] *Ibid.*, p. 120.

pourquoi la poésie de Rilke ne s'appréhende, en réalité, que par le détour de la Figure ou image intermédiaire : l'intuition du poète, au plus proche de sa pensée sans s'y confondre, transite par l'expression de la Figure comme ombre portée de son intériorité.

Par exemple, Rilke utilise à de nombreuses reprises la spectrale présence-absence de l'ange afin d'évoquer le rapport de l'être à l'idée de la mort. Par sa puissance intuitive de négation, cette image intermédiaire parvient non seulement à rendre plus vivace l'effroi qui saisit l'être dans son rapport à la mort non conceptualisable mais aussi à dire l'intime de la tragédie qu'il traverse intuitivement. On perçoit très bien alors comment l'ange s'imprime en négatif dans le poème comme une sorte de médiation de l'esprit de celui qui l'a convoqué dans le poème : à la fois une image fuyante et irrationnelle qui, en cherchant à transcrire l'indicible, en réverbère la sensation éprouvée. Pure émanation de la pensée du poète, l'ange soustrait l'homme de la tragédie à dire et s'y substitue pour affronter l'impossible conceptualisation de la mort. En un sens, le poète a besoin de ce relais fictif pour contourner une telle impossibilité : il trouve dans la figure de l'ange, le tiers par excellence comme Témoin, seul à même de s'interposer entre l'intériorité et son expression dans la réalité à dire.

Le mot latin *testis* (« témoin ») désigne le « troisième », celui qui se tient en tiers entre deux parties (*terstis*, de *terstare*). Cette posture de Tiers appliquée à l'ange peut tout à fait qualifier la relation qui unit le poète à une telle figure singulière. Ni affirmation ni dérobade, le Tiers est *altération* de la linéarité entre la réalité et les mots pour la dire, de la lisibilité entre l'expression et sa compréhension, bref de la stricte continuité entre l'intentionnalité du poète (intuition et pensée, on l'a vu) et la possibilité même du poème. En tant que Tiers, l'ange est autre : à distance sans distance. En telle sorte que l'on ne puisse pas vraiment le caractériser comme un prolongement de la volonté de l'auteur. Ni coextensive ni transitionnelle à ladite volonté, la médiation du Tiers échappe dans l'altérité. Étant donc à la fois au cœur de l'action *et* hors d'elle, le Tiers est en réalité le sas par lequel transite et se transforme la volonté originaire du poète ; mais il est aussi le passage ouvert par l'expérience poétique. Empruntant librement toutes les caractéristiques du Tiers, la figure de l'ange peut alors s'apparenter à une sauvegarde qui transcrit la force d'âme du poète et sa vie intérieure, comme élévation de la pensée face à la montée de l'angoisse.

L'emploi de la figure de l'ange se légitime aussi pour d'autres raisons, plus personnelles encore. Un jour, Rilke, dans un accès de lucidité extrême, confia être devenu irrémédiablement « improbable à ses propres yeux ». Aussi, à partir de cette prise de conscience, l'appel à l'ange s'imposera dorénavant comme un des recours possibles ; et, par voie de conséquence, la confrontation avec l'ange deviendra, à une certaine période, centrale dans sa poésie. Cela se marque notamment dans une confession aux accents pleins de sincérité à la Princesse Marie de la Tour et Taxis : l'écriture, en provoquant la montée de l'ange, agrandit son espace intérieur. « En fin de compte, écrire est plus que non-écrire, et peut-être l'acte d'écrire a-t-il la vertu de provoquer la montée de l'Ange, et de le rendre jaloux. » [1] L'ange est une adresse pour l'écriture qui réunit « les grands désordres » rilkéens. Le long et continuel dialogue qu'il engage avec lui permet

---

[1] « Lettre du 31 mai 1911 », in R. M. Rilke, *Correspondance avec Marie de la Tour et Taxis*, *op. cit.*, p. 51.

à son principe poétique de s'approcher des choses pour les transformer radicalement et les hausser dans le dicible. Notamment, quand le terrifiant ne peut se dire, la surrection de l'ange, *symbole* du Terrible, dans le poème détermine un dire, où non-dit et silence se formulent par l'intermédiaire de sa figure d'effroi : « Tout ange est effrayant », écrit-il par deux fois pour y insister dans *Les Élégies,* comme si l'ange séduit, intriqué, capté par l'effet poétique, ne se départait vraiment jamais de la peur suprême qui lui restait attachée. [1]

Dans ses confessions extrêmement lucides, l'appel originaire à l'ange est une invocation pour dire l'extrême solitude qu'aucune oreille humaine ne peut accueillir. Son intercession s'apparente à un échange pur et instaurateur entre l'intériorité et le dehors : il est révélation *du* poète et non pas révélation *au* poète. [2] L'ange diffère du poète, non pas tant parce qu'il est autre que lui ; bien plutôt, parce qu'il est l'Autre, en tant que confrontation absolue. Son invocation vise à rapprocher l'intériorité du poète *et* ce qui l'emporte ailleurs : en quelque manière, le proche *et* le lointain. D'ailleurs, pour Ralph Freedman, un de ses poèmes « présente la confrontation d'un "je" présent (...) et d'un "autre" absent : présence et absence, les deux formes d'existence qui torturaient Rilke. » [3] Ainsi, l'ange s'interpose pour dire le Terrible, porté à sa plus haute intensité dans le Dire : un regard distancié sur la venue de la mort.

---

[1] Se reporter à la Première et Deuxième Élégie, in *R. M. Rilke, Les Élégies…*, *op. cit.*, p. 41 et 47.

[2] Le témoin, en relation avec l'Autre, échange avec « un être qui n'est pas uniquement en lui ni uniquement hors de lui. » Se référer à Martin Buber, *Je et Tu*, Paris, Aubier, coll. « Bibliothèque philosophique », trad. de l'allemand par G. Bianquis, 1969, p. 97.

[3] Ralph Freedman, *Rilke. La vie d'un poète*, Arles, Actes Sud, trad. de l'anglais par Pierre Furlan, 1998, p. 499.

Dans la Huitième Élégie, le mot « ange » n'est jamais mentionné. L'ange, celui qui voit « l'Ouvert », est appelé « créature ». Le poète compare cette créature à l'animal, « Libre de mort », qui lui seul peut accepter la mort comme prolongement et complément de la vie. Il ne la redoute pas, puisqu'il en est affranchi. Évoluant dans le monde de la mort, il ne la conçoit pas comme un seuil mais comme l'Ouvert, l'infini, le Tout. Parce qu'il plonge par-delà le monde visible, le regard animal voit le pur espace sans limites ni formes dans l'espace ou le temps.

> Car, près de la mort, on ne voit plus la mort
> et l'on regarde fixement en avant, peut-être, avec un grand
> [regard animal. [1]

Comment mieux traduire, à l'approche de la mort, cette effusion insaisissable, qui puisse à la fois suggérer son propre effacement, sa propre disparition, sinon dans la calme lucidité d'un savoir animal ? Rilke a recours à la « créature » pour dire l'ultime témoignage de l'expression humaine, qui n'a pas encore abdiqué son pouvoir, avant l'entrée définitive dans l'informe et dans l'illimité : la souveraineté de la mort. Dans ce seuil d'indistinction, entre le frémissement encore persistant de la vie et la traversée des ténèbres, se marque le passage de la vie à la mort dans un point d'intensité qui condense un *portrait de mort*. Toutefois, ce portrait, qui commence à peine de s'infigurer, l'homme ne peut le voir. Au fur et à mesure qu'il se dessine, il s'obscurcit pour l'homme. La mort le lui masque. En le livrant démuni sur une scène cruelle, affecté par un temps fatal, Rilke exprime la solitude de l'être tel qu'il lui apparaît : le sans-défense même, l'exposition à la mort. Seule la créature, comme Figure, peut restituer le temps propre à l'être, dans la stricte

[1] Huitième Élégie, in R. M. Rilke, *Les Élégies…*, *op. cit.*, p. 83.

immanence du vécu humain, tout en dialectisant ce temps avec un rapport qui se veut transcendant. Comme il en va d'ailleurs souvent dans de nombreux poèmes, Rilke cherche en somme à transformer intégralement la tension ontologique (l'épreuve de l'être) dans la sensibilité immanente exprimée dans le poétique.

Figure des figures, l'ange évolue déjà dans l'invisible comme la créature, l'être-animal, qui, dans son innocence originelle, voit l'Ouvert : l'espace infini de la mort. Le monde apparaît comme une totalité à l'ange qui ne sépare pas la vie de la mort. Le poète, par sa médiation, entrevoit le côté sombre de l'existence qui n'est pas tourné vers l'homme, dont le regard reste sur le seuil de la mort : tant qu'il ne la *connaît* pas, au sens strict, il en redoute la venue, puisqu'il en a, dès l'enfance, intériorisé la peur. Pure existence, l'ange se portant garant à travers sa présence improbable. [1] Figure improbable, l'ange ouvre le pur espace de l'entre-deux, seuil où indistinctement passent des forces contraires, cristallisation imaginaire où s'opèrent de continuelles métamorphoses : l'intime et le monde, le prosaïque et l'absolu, le rêve et sa projection. L'ange s'appréhende dans le temps et hors du temps, dans l'espace et hors de l'espace ; figure d'effroi et de ravissement, sans matière ni forme, sans dimension ni consistance, il rend ainsi sensible dans son immatérialité, *quelque chose de* l'illimité.

Selon Kant, dans un monde où règne l'empirisme, l'aspiration supra-sensible de l'homme s'explique par le fait qu'il désire au-delà des besoins dont il ne peut se satisfaire, car il se sent convoqué par un autre ordre. Être

---

[1] « L'ange des *Élégies* est cet être qui se porte garant de reconnaître dans l'Invisible un degré supérieur de la réalité. » Voir « Lettre à W. von Hulewicz », in R. M. Rilke, *Les Élégies…*, *op. cit.*, p. 32.

homme, c'est avoir - non pas *obéir à* ou *croire à* - une morale du surhumain, c'est reconnaître *dans* l'homme une vocation supra-sensible, une aspiration au sacré. Sacré, à l'origine, signifie ce qui est séparé. Est sacré, par exemple, ce qui, venant du fond d'une image, parvient à sa surface, ce qui dans l'invisible vient dans un corps visible. Le sacré est l'inscription, dans le *sol* et le *temps*, d'une dimension censée échapper au sol et au temps.

L'ange rilkéen, au cœur du mystère, ramène avec lui quelque chose de sacré. La montée de l'ange, provoquée par l'homme qui l'a invoqué, se manifeste comme une pure existence liée à la plaie de l'humanité éternellement ouverte. Dans une articulation ontologique, l'ange relaye la souffrance de l'être, la restitue poétiquement depuis son fond d'étrangeté ; il transforme le danger en ressource, le silence en parole, la détresse en nécessité. Cette ouverture conditionne le Dire dans le poème et en trace le destin. Dans ce qu'elle augure, la possibilité du Dire est, à elle seule, confrontation totale et orient du poème dans la proximité et la distanciation radicale de l'ange. Depuis son intériorité, l'espace élargi, le mortel, l'être souffrant par excellence, appelle l'ange, pour transformer la douleur en apaisement, afin de conserver en lui la mémoire de cette métamorphose. L'ange est l'ouverture même, à la lettre un passage non déterminé, dont l'arbitrage dans le poème avive les questions relatives à l'intentionnalité profonde. À l'image de l'Homme nietzschéen, l'ange est « un pont et non un terme », une transition pour le passage par une corde tendue au-dessus de l'abîme. [1] Quelque chose qui transcende toutes les déterminations, une conception qui transfigure. Pure création, la figure de l'ange peut ainsi fixer l'empreinte d'un idéal poétique qui transcende la

---

[1] F. Nietzsche, *Ainsi parlait Zarathoustra*, (1883-1885), Paris, Aubier, trad. de l'allemand par G. Bianquis, 1962, p. 55-59.

réalité ; libre projection du désir qui la fait naître, l'ange s'inscrit en négatif dans la matière même du poème, dans une *épochè* : suspension du temps se présentant en fait comme une révélation qui soutient l'homme confronté aux obstacles.

> Tu apparais sur nos obstacles
> et les éclaire comme une montagne. [1]

Plus qu'une simple proximité, le tutoiement trahit une sorte d'aimantation indéfectible entre l'ange et l'intériorité du poète, comme une tentative désespérée pour acclimater ces deux tempéraments. Mais l'altérité radicale de l'ange, en tant qu'Autre, n'est en somme qu'une forme aliénée au Soi du poète, dans une délégation ultime et infinie de responsabilité. Si, d'une certaine manière, la rencontre de l'Autre amène le poète à se trouver, elle suppose, pour y parvenir pleinement, autant de lumière que d'inconnu. L'interlocution avec l'ange permet de dire vraiment les choses, pour les transformer par un saut « au-dedans », selon l'expression de Rilke, un élan réalisé dans une intériorisation progressive du monde ; si bien que toutes les créations du cœur se révèlent, avec l'ange, comme une épargne plus secrète, dans laquelle la réalité peut vraiment s'appréhender, répondant ainsi à l'impérieux besoin de dire la sensation qui, sans cela, se diffracte et se perd dans l'espace du monde : « Car pour nous toute sensation est dispersion. » [2] Face à cette grande détresse, se dresse une « perfection première » ; dans son intercession, l'ange, plénitude de l'être, (que Dieu réussit à parfaire) aide le mortel, créature périssable, à récupérer la dispersion de la

---

[1] Dans une période de solitude, Rilke compose « *À l'ange* » en Espagne. Il fait partie d'un groupe de poèmes intitulés « À la nuit » paru dans un périodique annuel appelé *Das Inselschiff*, 1925-1926.
[2] Deuxième Élégie, in R. M. Rilke, *Les Élégies…*, *op. cit.*, p. 47.

sensation. En fait, dire les choses à l'ange ouvre le poème à l'accueil de la sensation rassemblée *dans* et *par* un tel dialogue, comme une nouvelle richesse. Pure transitivité (lieu d'échange entre le ciel et la nature, seuil de l'Invisible), l'ange, adresse du dire et extension du dicible, est le Dire du poème (Témoin suprême), le dire d'avant tout dire et le dire qui excède tout dire.

Dans la quatrième Élégie, Rilke fait part d'une étrange impression : par une acuité extra-sensorielle, celui qui sait voir au-delà des formes apparentes à la vue peut percevoir vraiment la profondeur des choses cachées derrière l'éphémère surface qui en préserve l'intériorité ; il sait en voir alors la véritable figure : refuge où le sens s'abrite. En fait, seule une telle aperception est en capacité de jauger, d'estimer le monde fugitif de la sensation : c'est-à-dire l'appréhender pleinement pour ce qu'il est jusqu'à s'y confondre et non pas simplement le concevoir depuis un strict point de vue extérieur. Dans la rigueur du terme, pour *comprendre* la fugace sensation, il faut s'y joindre.

> Alors se prépare pour une figure fugitive
> un fond d'opposition, péniblement,
> afin que nous la voyions ; car on est très net
> avec nous. Nous ne connaissons pas le contour
> de la sensation, mais uniquement ce qui de l'extérieur le forme. [1]

Ces vers laissent entendre que le monde ne se donne pas dans sa netteté : sa véritable face ne se découvre que pour celui qui sait la voir *et* s'y reconnaître. La vraie sensation est celle qui, en plus de sa forme intérieure, fait voir ses propres limites. Là aussi Rilke brosse la figure de toutes ses figures, la Figure : éphémère, elle est apparentée à la fois à l'intériorisation du monde *et* à son dépassement. Qu'elle fasse la part belle aux choses réelles ou à celles à

---

[1] Quatrième Élégie, in R. M. Rilke, *Les Élégies…*, *op. cit.,* p. 59.

imaginer, la poésie de Rilke (se) nourrit des figures. Dans un Sonnet, il évoque l'Esprit, créateur du monde des figures, dans lequel se passe notre vraie vie. Dans la courbe de la Figure, l'Esprit préfère à tout le tournant, ouvrant au monde des rapports : espace de transformation, de métamorphoses, qui relie aux choses réelles et à l'Invisible. [1]

La Figure inscrit la distance requise pour dire l'atteinte de l'être et rendre compte de l'*événement-en-soi* sans en passer par l'utilisation inconvenante du pathos. Rilke parvient à dire avec réserve sans desservir le propos, en interposant l'ange comme écart irréductible entre la douleur existentielle et sa confession : une juste distance. [2] L'ange est convoqué comme une apostrophe sans effets spectaculaires. Délégation substitutive dans l'ambiguïté d'une inscription en négatif, une présence-absence, il pose l'empreinte de la mort, resserre les contours de la tragédie tout en neutralisant sa cruauté. Par toutes les voies de dégagement qu'il ouvre, il instaure un pur échange : chiasme entre dire et indicible, croisement à même de défier la résistance du réel. Mélange de proximité et de lointain, passage de l'identifiable à l'inconnu, il inscrit une vérité transfigurée dans le poème : l'anéantissement passé sous silence. Par la nature de sa médiation, il confronte à l'intensité du terrible, comme une création imaginaire où le réel s'est déposé.

---

[1] C'est l'interprétation qu'on peut en faire dans le Sonnet XII de la deuxième partie, in R. M. Rilke, *Les Élégies…*, *op. cit.*, p. 225.

[2] « La distance n'est pas une zone protégée mais un champ de tensions. Elle ne se manifeste pas tant dans un relâchement de l'exigence de vérité des concepts que dans la délicatesse et la fragilité de tout processus de pensée. » Theodor W. Adorno, *Minima Moralia, Réflexions sur la vie mutilée*, Paris, Payot, coll. « Critique de la politique Payot », trad. de l'allemand par Eliane Kaufholz et Jean-René Ladmiral, 1991, p. 122.

Pour surmonter l'impossibilité de dire le néant de la mort, la parole poétique transite donc par l'ange, figure médiatrice, intermédiaire, par laquelle Rilke peut ainsi extérioriser la douleur existentielle. Nietzsche voit dans toute figure intermédiaire la condition obligatoire pour la révélation de la douleur [1] qui évite ainsi de se retourner en haine contre soi : « Tous les instincts, écrit-il, qui ne peuvent pas se décharger à l'extérieur *se retournent en dedans*. » [2] Accablé par la dure épreuve où l'angoisse ronge et agrandit son espace comme un corps étranger, Rilke décharge ses tourments dans son dialogue avec l'ange par lequel il se découvre comme intériorité élargie, qui l'amène à une conscience de soi [3] reliée à l'universalité de la mort : une réflexion générale sur la mort, une *nekuia*, voyage intérieur où les morts forment une ronde qui signifie aussi la mort du monde.

En faisant vivre l'ange - à la fois être-de-rapports et pure extériorité homogène au Dire - dans son intimité, Rilke tente en réalité de conformer l'inouï stupéfiant, ce qui ne passe pas dans les mots, à sa vie intérieure : « (...) l'inouï même doit devenir intérieur et s'adapter aux circonstances. » [4] De la sorte, il peut tourner son regard

---

[1] « Pour pouvoir chasser du monde la douleur cachée, irrévélée et sans témoins, pour pouvoir la nier de bonne foi, on fut alors presque obligé d'inventer des dieux et des créatures intermédiaires à tous les degrés des hauteurs et des profondeurs, bref quelque chose qui rôde même parmi les choses cachées, qui regarde dans les ténèbres (...). » Friedrich Nietzsche, *La généalogie de la morale*, in *Œuvres*, T. II, (1887), Paris, Robert Laffont, coll. « Bouquins », trad. de l'allemand par Jacques Le Rider, 1993, p. 812.

[2] F. Nietzsche, *ibid.*, p. 825.

[3] Dans le *Phédon*, Platon fait de la vie intérieure un incessant dialogue que l'âme tient avec elle-même, où la pensée d'emblée solitaire va ainsi vers la coïncidence avec elle-même, vers la conscience de soi.

[4] R. M. Rilke, *Les cahiers de Malte Laurids Brigge*, *op. cit.*, p. 70.

vers cet autre côté de l'existence qu'habituellement nous ne voyons pas : l'*invocation* de l'ange, relais déjà dans l'Invisible, permet de consentir au monde *ouvert* à la totalité. Figure de l'Ouvert, l'ange est donc appelé à travers l'épouvante qu'il inspire. Il est l'effroi *du* poète, *sa* peur suprême.

> Tout ange est effrayant. Et pourtant - malheur à moi ! -
> je vous invoque, de l'âme oiseaux presque mortels,
> en sachant qui vous êtes. [1]

Si l'ange tient au *serrement* premier de l'angoisse, il en permet aussi le *surpassement* dans l'aide qu'il apporte au poète pour surmonter l'effroi qui le dérobe à la Terre. Son intercession, comme surpassement de soi, relaye sa volonté tendue. Proche de la vérité de la mort et au seuil du mystère de l'être, la parole poétique questionne, dans ses inflexions, tout ce qui touche au silence infini du dire (manque originaire du langage), l'insaisissable par le dire. L'échange avec l'ange (*dé*)*termine* le passage du (pouvoir) dire au plus près du mystère à la frange bordant l'indicible : ce qui tombe au-delà des mots. Hanté par le décollement de soi né de la distance entre l'homme et l'ange, Rilke fait part de cette confession à la Princesse Marie Taxis : « Tout ce qui est infini réside à l'intérieur de l'homme isolé : là se produisent les miracles, les accomplissements, là se surmontent les épreuves. Et peut-être quelque chose de tout cela s'est-il produit ». [2] En faisant surgir l'ange depuis son intériorité, le poète affirme en fait sa supériorité sur lui, puisqu'il peut lui donner naissance depuis sa souffrance intérieure (à laquelle il attribue ses « grands désordres »).

---

[1] Deuxième Élégie, in R. M. Rilke, *Les Élégies...*, *op. cit.*, p. 47.

[2] « Lettre du 31 mai 1911 », in R. M. Rilke, *Correspondance avec Marie de la Tour et Taxis, op. cit.*, p. 51.

En donnant naissance à l'ange, Rilke sait très bien que, par l'ailleurs qu'il incarne, il résiste à toute identification, la suspend. Mis au service du principe poétique, il symbolise l'ouverture d'un monde non rationaliste, sans connotation réaliste : fruit du désir du poète. Pour Schopenhauer, le désir, l'« irrationnel absolu », ne se justifie de rien puisqu'il est étranger à la pensée ; il marque un écart décisif par rapport à ce qui peut être admis à titre de nécessité, car on ne peut cerner les véritables motivations qui en sont la cause ni celles qui orientent sa finalité. Il est donc artifice à double titre : il ignore l'intérêt naturel de l'homme et il travestit sa propre nécessité en un *besoin* pour l'individu. L'ange, création fantasmagorique du poète, prend figure de l'irrationnel désir pour surmonter les épreuves par une mise à distance de celles-ci. Par une sorte de déréalisation qu'il impose, l'ange permet d'enchaîner par translation les motifs de l'imaginaire (voué au désir de fantasmer) *sur* celui de la réalité du poème (régulatrice du désir de dire). Mais, finalement, peut-être Rilke a-t-il moins à apprendre de l'ange qu'il n'a à lui dire. Si l'ange accueille la parole poétique en raison de sa parenté avec le désir, c'est fuyant qu'il inspire le poète, comme un encouragement distancié qui cependant ne peut faiblir.

Si Rilke provoque la montée de l'ange comme un relai poétique, c'est parce que ni le monde du Christ ni le Logos ne peuvent rendre compte véritablement de son intériorité, pur espace à la « profondeur intensive » (pour reprendre une expression de Deleuze). [1] En répondant à

---

[1] Selon Deleuze, cet espace à la profondeur extensive n'est cependant pas un *extensum*, une grandeur repérable et mesurable, un plan ; il s'apparente bien plutôt à ce que le philosophe appelle un *spatium* : une profondeur indécise mais intensive.

ses aspirations créatrices, l'ange devient son *obligé*, relais-otage dans le poème (dans le droit romain archaïque, le responsable se livre en otage, *obligatio*, action de se porter garant ou répondant afin de garantir l'acquittement d'une obligation). Ni au dessus de l'homme ni invisible à l'homme, il est bel et bien à l'intérieur de lui, à la fois réel et imaginaire, là où les choses et les êtres sont intériorisés, là où le monde devient en réalité le cœur. [1] Par le lien d'un engagement originel, l'ange est impliqué dans le poème comme un substitut de l'homme pour l'aider à surmonter sa faiblesse qui l'empêche de cerner au plus près le réel.

Ange tient son origine du grec classique, *aggelos* « messager », alors que le grec ecclésiastique *angèlos*, en fait un « messager de Dieu ». Pour Rilke, il *est* un messager pour dire les choses, la transcendance qui n'est cependant pas au service d'un Transcendant. Il évolue dans l'Invisible, comme une créature qui, ayant déjà réalisé la transformation du visible en Invisible, porte le *message* d'une autre réalité comme un symbole rassemble le proche et le lointain, l'éternel et l'instant. Autorisant une saisie du monde quand celui-ci est insaisissable, car il commerce entre le cœur et le monde, il permet de franchir la limite qui borde le réel : le domaine de l'Ouvert. [2] L'ange est en fait une figure essentielle au poète pour comprendre (la nature de) l'homme : n'étant pas à son

---

[1] L'invisible s'apparente au *visuel absolu*, insoutenable à la vision et à la vue, en excès de toute figure ; la part de non visible incarne le fond sombre qui, dans la monstration, est puissance d'origine et de fondement : l'endroit même où le visible forge son pouvoir et sa violence. Pour approfondir ce qu'il en est du « visible », on peut se reporter, notamment, à Jean-Luc Marion, *La croisée du visible*, Paris, La Différence, 1993, p. 99.

[2] Pure négativité originale, l'Ouvert est un non-lieu (*Nirgends*), un pur espace « qui n'est nulle part et que rien ne limite ». Huitième Élégie, in R. M. Rilke, *Les Élégies...*, *op. cit.*, p. 83.

image, il rassemble dans son « incarnation » toutes les diffractions. Figure-origine, il offre la possibilité de représenter quelque chose de l'impensable. Si bien que, dans le surgissement d'un tel intermédiaire, émanation en négatif de sa pensée, l'être se rencontre et peut enfin dire son intime déchirement. Pour Giorgio Agamben, le déchirement révèle la disjonction entre mémoire et immédiateté, faille du réel qui fait advenir la parole poétique, espace du vécu où le poète recueille la matière du poème : « Entre le souvenir, écrit Agamben, réduit à l'impuissance dans la parfaite, l'amoureuse adhésion au présent, et la mémoire qui surgit précisément à cause de cette impuissance : c'est cet intime déchirement qui constitue la dictée du poème. » [1] Dans un carnet, Rilke a écrit « de façon immédiate », selon ses mots, le secours éruptif des anges pour pouvoir dire sa détresse, son intime déchirement : « la confusion de mes propres voix », confie-t-il à la Princesse Taxis. Dans le surgissement du poème, dont les mots sont consignés rapidement, l'ange accorde les voix intérieures de Rilke.

> Alors que nous attendions le secours des humains : s'élevaient
> des anges sans bruit, d'un pas vers nous
> au-dessus du cœur gisant. [2]

Dans ce suspend de l'être, c'est l'heure inconnue de la mort (*incertam funeris horam*) qui marque cruellement l'effroi suprême consistant à affronter seul la mort. Rilke transcrit la fragilité de l'être, saisi au vif dans le serrement tragique, lorsqu'une nuit déjà se referme sur un au-delà de l'angoisse.

---

[1] Giorgio Agamben, « Idée de la dictée », in *Idée de la prose*, Paris, Christian Bourgois, coll. « Détroits », trad. de l'italien par Gérard Macé, 1998, p. 36.
[2] Voir « Lettre du 12 juillet 1912 », in R. M. Rilke, *Correspondance avec Marie de la Tour et Taxis*, *op. cit.*, p. 96.

L'ange est l'espace du monde intérieur, pure croissance des choses au-dedans de soi (espace imaginaire, ultime degré du réel), naissant et grandissant dans celui qui l'invoque pour dire le monde. Mais, par l'écart qu'il ouvre, il inscrit aussi au cœur du dire la Différence même. Sur cette fine crête se tient le dire, qui, à son contact, devient l'expression transfigurée du vécu. Le poétique restitue alors une expérience menée jusqu'à son terme : à la fois, expression et dépassement de la singularité. Intermédiaire, l'ange est à la fois excentré *et* partie prenante du dire, dans un équilibre consenti entre la subjectivité et sa destitution. Il est porteur de la vérité propre à l'existence effectivement vécue, à savoir dans la lucidité qui rend présentes les choses dans le dire. Avec l'ange, la poésie fait l'éloge des choses perçues à partir de la densité d'un présent éternel, vécu dans le vif de l'existence. Le poétique se conçoit comme aperception du caractère instantané, fugace du temps qu'il convient de retenir dans la glorification des choses. L'interlocution avec l'ange, pont ouvert en soi, permet d'y parvenir. Avènement du dicible, la figure de l'ange, empreinte et dimension inouïe du réel, empêche Rilke de renoncer à sa prétention à dire les choses.

4 - L'intériorisation du monde

Si l'homme, qui se sait être l'infiniment fugitif, fait passer quelque chose de ce savoir-là dans son rapport au monde, il transforme alors la réalité en chose d'art. Celui qui crée (se) joue de ce qui le désigne comme existant. Là précisément est sa grandeur : il vit en homme, et, tout en étant voué au destin du mortel, il en repousse la force fatale. Il transforme la chose périssable, dans son cœur, et l'empêche de mourir. C'est bien ce que fait Rilke, qui honore le monde, le célèbre, et le donne à penser par la voix poétique. « Penser n'est possible, écrit Agamben, que si le langage n'est pas notre voix, s'il nous permet de mesurer à quel point nous sommes aphones - à quel point notre mutisme est insondable. C'est cet abîme que nous appelons le monde. » [1]

Pour Rilke, la « mission » de l'homme est de consentir à la Terre afin de la déclarer dans le Dire ; par la *parole*

[1] Giorgio Agamben, *Le langage et la mort*, *op. cit.*, p. 193.

magnifiante, il peut célébrer le « temps des *choses dicibles* » : « dire tout ce que les choses elles-mêmes jamais ne pensèrent être dans leur intimité » ; comme en son cœur, il peut en faire la louange : « Entre les marteaux subsiste notre cœur, comme entre les dents la langue, qui pourtant, malgré tout, reste la louangeuse ». [1] Rilke sait que si la langue est constellée de sensations (enrichie des associations, des transpositions dans le choix des images et du tour poétique : tropes et autres figures de style), elle n'exerce pas pour autant une souveraineté sans partage. De plus, elle ne peut pas vraiment s'appuyer sur l'écriture qui, en tentant de fixer l'exactitude des propos, neutralise l'expression. [2] De nombreux obstacles la font échouer quand les mots flétrissent sous l'effet des choses à dire ; quand ce qui ne passe pas par le dire, l'inexprimable, reste enclos dans le silence. La chose étant irréductible au dire, la langue se replie sur son intériorité dans la déchéance des mots, se révélant alors incapable de répondre à l'appel inouï du réel. Tandis que la béance du réel s'ouvre comme une plaie, le dire soumis aux exigences de la seule logique suture le langage sur lui-même jusqu'à dissocier les mots des choses à dire : « la parole prononcée reste en arrière de ce qu'on veut dire effectivement, de ce par rapport à quoi on mesure toutes les représentations. » [3] En cela, le langage révèle l'articulation manquée entre le vivant et le Logos - ouvert sur une telle errance, l'homme est l'être qui manque à soi. Si le dire ne parvient jamais vraiment à s'ajuster à ce que l'on veut signifier ni aux représentations

---

[1] Neuvième Élégie, in R. M. Rilke, *Les Élégies...*, *op. cit.*, p. 91.

[2] « L'écriture, qui semble devoir fixer la langue, est précisément ce qui l'altère ; elle n'en change pas les mots, mais le génie ; elle substitue l'exactitude à l'expression. » Jean-Jacques Rousseau, *Essai sur l'origine des langues*, (1817), Paris, Bibliothèque du Graphe, 1969, p. 11.

[3] H. -G. Gadamer, *L'actualité du beau*, Aix-en-Provence, Alinéa, trad. de l'allemand E. Poulain, 1992, p. 191.

que l'on s'en fait, c'est que la relation entre la langue et le monde s'exprime dans une tension propre au témoignage : « Pour le distinguer de l'*archive*, qui désigne le système de relations entre le non-dit et le dit, appelons *témoignage* le système des relations entre le dedans et le dehors de la langue, entre le dicible et le non-dicible en toute langue - donc entre une puissance de dire et son existence, entre une possibilité et une impossibilité de dire. » [1] Chez Rilke, il arrive parfois que l'écrit, par une sorte de surrection, impose son altérité radicale, dépossession qui excède sa propre volonté : « J'hésite infiniment à vous écrire, chère Princesse, après la dictée de l'autre jour qui, ici en ce Pathmos, s'est imposée à moi de façon si impétueuse... » [2] Mais le fait même de pouvoir dire les choses suppose, en retour, d'accepter de se voir imposer leur propre vouloir. Dans les choses à dire, l'écriture doit se concevoir comme *inachèvement originaire* dont le caractère mouvant est en perpétuelle reconstruction, si l'on se réfère à la conception particulière qu'avance Walter Benjamin de « l'origine » : « L'origine ne se donne jamais à connaître, écrit W. Benjamin, dans l'existence nue évidente du factuel, et sa rythmique ne peut être perçue que dans une double optique (*Doppeleinsicht*). Elle demande à être reconnue d'une part comme une restauration, une restitution, d'autre part comme quelque chose qui est par là même inachevé, toujours ouvert (*Unvollendetes*, *Unabges-chlossenes*). » [3]

Pour Rilke, la silencieuse et puissante réalisation d'un désir d'être de toute chose est transformée *dans* et *par* le

---

[1] G. Agamben, *Ce qui reste d'Auschwitz*, *op. cit.*, p. 189-190.
[2] Se reporter à R. M. Rilke, *Correspondance avec Marie de la Tour...*, *op. cit.*, p. 60.
[3] Voir Walter Benjamin, *Origine du drame baroque allemand*, Paris, Flammarion, trad. de l'allemand par S. Muller, 1985, p. 43-44.

poème. Aussi, le témoignage du poème, d'hyper-subjectif (solitude de l'éprouver), devient donc *réalisation* du vide en plénitude. Ainsi, le temps vu du dedans, tel que la conscience le conçoit, peut-il être représenté en réalité comme qualité.

> Et pourtant, dans l'animal vigilant et chaud
> il y a le poids et le souci d'une grande et lourde mélancolie.
> Car à lui aussi adhère toujours ce qui nous
> domine souvent, - le souvenir,
> comme si une fois déjà cela, vers quoi nous tendons,
> avait été plus proche, plus fidèle, avec, dans ce rattachement,
> une infinie douceur.
> (…) Après la première patrie
> la deuxième lui paraît hybride et ouverte aux vents.
> O félicité de la *petite* créature,
> qui toujours *reste* dans le sein, qui la porta jusqu'à son terme ;
> (…)
> Et vois la demi-sécurité de l'oiseau,
> qui par son origine sait presque l'une et l'autre chose,
> comme s'il était l'âme d'un Étrusque,
> issu d'un mort, que l'espace reçut,
> mais avec la figure au repos comme couvercle.
> (…)
> Et nous : spectateurs, en tous temps, en tous lieux,
> tournés vers tout, sans regard vers l'avant ! [1]

Si la pureté de l'animal, libre d'angoisse, le conduit à marcher vers ce qui est ouvert, il n'en a pas conscience. Notre impuissance à le suivre s'indique, à coup sûr, dans l'inquiétude qui nous tient encore, et où domine le souvenir de ce que nous avons quitté comme une première patrie : le sein, l'Autrefois dans lequel tout s'est originé. Mais, en cela l'homme se distingue de l'animal. Ce qui le caractérise c'est précisément de comprendre son état et de connaître son destin : ne pas se savoir (ou se croire) sauvé.

---

[1] Huitième Élégie, in R. M. Rilke, *Les Élégies…*, *op. cit.*, p. 85.

S'il décide, en pleine conscience de marcher vers l'ouvert, il pourra récréer le monde total. Point de mélancolie alors que de concevoir l'existence comme la vie qui précède la mort - qui doit la suivre comme le prolongement logique voire le complément nécessaire (espace pur, affranchi). Suivant cette conception de l'existence, l'Autrefois, qui transite par le souvenir, peut rencontrer le Maintenant dans une « image dialectique », pour reprendre l'expression de Benjamin. Une telle image est en fait une « dialectique à l'arrêt » de nature figurative (*bildlich* : imagée) : « Il ne faut pas dire, écrit Walter Benjamin, que le passé éclaire le présent ou que le présent éclaire le passé. Une image, au contraire, est ce en quoi l'Autrefois rencontre le Maintenant dans un éclair pour former une constellation. En d'autres termes : l'image est la dialectique à l'arrêt. Car, tandis que la relation du présent au passé est purement temporelle, la relation de l'Autrefois avec le Maintenant est dialectique : elle n'est pas de nature temporelle, mais de nature figurative. Seules les images dialectiques sont des images authentiquement historiques, c'est-à-dire non archaïques. » [1] Giorgio Agamben a très bien perçu la réelle portée d'une image dialectique : « Là où se suspend le sens apparaît une image dialectique. L'image dialectique est, en d'autres termes, une oscillation irrésolue entre une extranéation et un nouvel événement de sens. » [2] Bien souvent, le poème de Rilke exprime une telle oscillation : l'existence est prise dans une tension indépassable dès le moment où l'on quitte un monde (temps de la gestation, tendre et intime contact, béatitude

[1] Walter Benjamin, *Paris, capitale du XIX ème siècle. Le livre des passages*, Paris, Le cerf, trad. de l'allemand par J. Lacoste, 1989, p. 479-480.

[2] G. Agamben, *Image et mémoire. Écrits sur l'image, la danse et le cinéma*, Paris, Desclée de Brouwer, coll. « Arts et esthétique », trad. collective de l'italien, 2004, p. 52.

où la vie est respiration pure avant la naissance) pour un avenir programmé : c'est en sortant du sein que l'on connaît la mort. Seuls les oiseaux (nés dans l'espace des anges), connaissent les deux domaines et évoluent dans l'espace étendu. L'homme est, au contraire, condamné à évoluer entre ce qui est parvenu du passé (l'Autrefois) et son actualisation dans la vie (le Maintenant) dans une coexistence immobile, spectateur du monde incapable de se projeter vers l'avant. Mais s'il parvient, par une intériorisation progressive du temps et de l'espace, à goûter néanmoins le monde à travers cette immobilité, alors il pourra, par une conscience avivée, instaurer un nouage du passé au présent, et produire analogiquement un rapport du particulier à l'universel. Tout en luttant contre la ruine du passé, il l'appréhendera depuis le présent dans la relation vive, indestructible, s'incarnant dans la flexion du Temps : transformation du temps *en* existence pleine et totale. Dans le va-et-vient permanent, infini pour tout dire, par lequel tout ce qui du passé n'aura pas été oublié se découvrira nouvellement dans le présent vécu. Pour être conservée, la mémoire du passé doit pouvoir s'actualiser dans le choc du présent vécu. Non seulement le passé sera alors restitué comme un *a priori* historique, immuable en un sens dans sa détermination directe du temps, qui impose quelque chose de son esprit au présent, mais il sera aussi allégué comme une construction purement subjective. Voilà donc, pour Rilke, comment pourrait alors se résoudre l'existence terrestre, problématique par excellence : dans tous les efforts constants fournis par l'homme pour rendre sensible la vérité propre à l'existence effectivement vécue. Dans cette Huitième Élégie, le poète ne cherche ni à dévoiler tout ce qui de la mémoire résonne dans le présent, ni même à en faire un instrument, une archive pour l'exploration du passé [1] ; plutôt, il fait porter à l'homme la responsabilité pleine et entière d'assumer son existence (ce faisant, il retire donc cette responsabilité à l'ange), où la mémoire, constellation entre l'Autrefois et le Maintenant, se conçoit en tant que *médium du vécu.* [2]

Bien souvent, chez Rilke, le présent se présente comme intuition capable d'accorder le monde tel qu'il *est* avec les représentations que le désir voudrait qu'il *soit*. Relation dont témoigne au plus haut point le poète qui, tout en vivant dans le monde, n'est pas du tout conditionné par ses structures : « alchimiste » libre de se mouvoir, se trouvant simultanément dans le temps et dans l'éternité, il parvient par la poésie à la connaissance métaphysique. Dans la conviction profonde qu'il confie à Lou Andreas-Salomé, Rilke clame avec force la loi du poème de la manière suivante : « L'objet est déterminé, l'objet d'art doit l'être davantage encore ; soustrait au moindre hasard, à la moindre incertitude, sorti du temps et confié à l'espace, il est devenu durable et apte à l'éternité. » [3] Dans le poème, le temps se recompose suivant la Loi propre à la poésie, en telle manière que sa matière même soit en capacité de révéler le désir d'être propre à toute chose. Aussi, en se distinguant du monde dont il s'inspire pourtant, le poème exprime dans sa véracité une réalité bien plus concrète.

---

[1] « (...) la mémoire reste le gardien de l'ultime dialectique constitutive de la passéité du passé, à savoir le rapport entre le "ne plus" qui en marque le caractère révolu, aboli, dépassé, et l' "ayant été" qui en désigne le caractère originaire et en ce sens indestructible. » Voir Paul Ricœur, *La mémoire, l'histoire, l'oubli*, Paris, Seuil, coll. « L'ordre philosophique », 2000, p. 648.

[2] L'expression se trouve chez Walter Benjamin, *Images de pensée*, Paris, Christian Bourgois, coll. « Détroits », trad. de l'allemand par J-F. Poirier et J. Lacoste, 1998, p. 181.

[3] « Lettre à Lou Andreas-Salomé », in P. Jaccottet, *Rilke par lui-même*, *op. cit.*, p. 59.

Voilà pourquoi Rilke attribue à l'objet d'art une qualité d'existence supérieure vis-à-vis de la réalité : « Le modèle n'est qu'apparence, l'objet d'art existe. Ainsi celui-ci constitue l'indicible progrès sur celui-là, dans le fait d'être la silencieuse et croissante réalisation du désir d'être qui dans la nature monte à partir de toutes choses. » [1]

Dans l'existence même du poétique se révèle non seulement l'*êthos* du poème, mais, par-dessus tout, son *hexis*, sa disposition à être dans le monde, entièrement soumis au service de la loi de la poésie. « De la sorte est écartée l'erreur qui voulait faire de l'art le métier le plus arbitraire et le plus prétentieux ; il est l'acte le plus humble de servir, et tout entier soutenu par la loi. » [2] Mais dans l'accomplissement d'un tel service, un poème fonde en fait sa propre loi, en témoignant d'une réalité qui, dans sa véracité, participe à l'accomplissement du poète. Ainsi peut-il écrire : « O Lou, dans un poème qui me réussit, il y a beaucoup plus de réalité que dans n'importe qu'elle relation, ou inclination que je puisse ressentir ; là où je crée, je suis vrai, et j'aimerais trouver la force de fonder ma vie totalement sur cette vérité-là, sur cette simplicité et cette joie infinies qui parfois me sont accordées. » [3] Ainsi le poème se défait-il de l'empreinte inaltérable de la réalité pour la transformer dans une sorte d'intériorisation du temps. De fait, en se démarquant de la réalité dont il rend compte pour mieux la révéler, il l'institue nouvellement.

Montre-lui comme une chose peut être heureuse, innocente et
[nôtre,

---

[1] « Lettre à Lou Andreas-Salomé », in P. Jaccottet, *Rilke par lui-même*, *op. cit.*, p. 59.
[2] *Ibid.*
[3] *Ibid.*

comme la douleur qui se lamente elle-même purement consent à la
[forme,
devient chose qui sert ou meurt pour être chose - , puis, au-delà,
s'échappe avec félicité du violon. Et ces choses, dont la vie
est déclin, comprennent que tu les célèbres (...)
elles nous prêtent le pouvoir de sauver, à nous, les plus périssables.
Elles veulent qu'au fond de notre cœur invisible nous les
[transformions
en - ô infini... - en nous ! quelle que soit finalement notre
[nature. [1]

Rilke établit la mission d'une certaine forme de poésie à laquelle il consent : répondre à la pétition de la Terre infaillible en disant les choses dicibles et en transformant celles qui, directement, ne le sont pas. Il parvient ainsi à une certitude : l'affirmation de la vie et de la mort sont des états complémentaires de l'homme, qui découvrent le sens de la vie irrémédiablement liée à la douleur. En éloignant de la sorte sa parole poétique de toute idée de consolation, il désigne de fait l'angoisse en tant que mal absolu et irrémissible. Mais cet affect de l'âme lui sert en réalité à révéler ce qu'il porte au plus profond en lui, et qu'il appelle « *Weltinnenraum* », espace intérieur du monde. De telle manière que l'expérience vécue est transformée en poésie, en tant que célébration et glorification du monde : à savoir, intériorisation progressive des choses et des êtres périssables dans la parole poétique. Par le biais des choses dites dans l'expérience vécue, s'inscrit en réalité un regard bienveillant porté sur l'être, où on peut voir la volonté du poète de remonter à la source de son essence singulière - qu'Aristote d'ailleurs nommait, par ce temps d'imparfait, *to ti ên einai* : le « ce-que-c'était-que-d'être ».

D'une manière assez semblable, dans un des poèmes rilkéens de la dernière période, le *Weltinnenraum* dessine

[1] Neuvième Élégie, in R. M. Rilke, *Les Élégies...*, *op. cit.*, p. 93.

par le biais d'images interposées (l'animal et la nature) l'accroissement de l'intériorité dans les choses dites : il est tout à la fois affirmation de la vie et accomplissement de l'être.

> Les oiseaux volent silencieusement
> à travers nous. O moi qui veux croître,
> je regarde au dehors, et c'est en moi que croît l'arbre. [1]

La poésie rilkéenne nous fait accéder à un monde particulier constellé de sensations : le monde du *temps plein*, du *mouvement pur* (sans objet) et de l'échange consenti entre le dedans et le dehors. Le sentiment de l'existence vécue, dans un temps qui s'estompe à chaque seconde, doit passer par l'instance du plus haut degré de rapport, où les existences communiquent par l'échange de sensations. Dans le chant du monde, l'oiseau « accordé au-dehors et en lui-même » est, comme d'autres figures, en position de Tiers chez Rilke ; il incarne un surcroît d'être en conciliant dans un même élan l'intériorisation du monde (l'infini le submerge de toute part, d'une manière absolue) et l'extériorisation de son moi. [2] « D'où l'exquise position de l'oiseau, dans la voie vers l'intérieur (...) il est parmi les animaux celui qui témoigne d'une confiance affective tout à fait particulière à l'égard du monde extérieur comme s'il se savait partager avec lui le plus intime secret. (…) il chante au sein du monde comme s'il chantait en son propre intérieur, c'est pourquoi aussi nous saisissons le cri d'un oiseau si aisément au-dedans de nous-mêmes, il nous semble le traduire sans réserve en notre sentiment propre (…) ce cri, pour un instant peut transformer le monde tout entier en espace intérieur, parce

---

[1] Vers cités par Rudolf Kassner dans l'introduction à R. M. Rilke, *Correspondance avec Marie de la Tour et Taxis*, *op. cit.*, p. 9.
[2] R. M. Rilke, *Erlebnis* II SW VI, in Philippe Jaccottet, *Rilke par lui-même*, *op. cit.*, p. 100.

que nous sentons que l'oiseau ne distingue pas entre son propre cœur et celui du monde. »[1]

> Quêter ! non, plus de quête, mais une voix jaillie de toi-même,
> que telle soit la nature de ton cri ; tu criais, il est vrai, avec la
> (pureté de l'oiseau,
> quand le soulève la saison qui monte, oubliant presque
> qu'il est un animal chétif en même temps qu'un cœur isolé,
> qu'elle jette dans l'azur serein, dans l'intimité des cieux.[2]

L'homme se défait de l'angoisse qui lui restait jusqu'ici attachée. Rilke, dans un cri dont la nature s'est modifiée, clame son message comme une révélation pour l'homme qui peut désormais, dans son envol, rejoindre l'oiseau dans l'azur serein. En telle sorte que, dans l'étroite union entre le monde et l'oiseau s'agrandit en fait l'intériorité de l'homme. Si l'oiseau transfigure le monde qu'il chante en accroissement intérieur, son cri est une infime sensation, seulement perceptible aux oreilles du poète, dont la poésie, en écho, peut alors témoigner. Aussi, entre ce cri, éprouvé intérieurement comme une voix jaillie de lui-même, et le poète, une solide entente se forge pour dire le monde. Dans une telle transposition, que l'on doit se représenter à la fois comme écart et différence, le poème glorifie en réalité la sensation *infiniment* ressentie pour dire vraiment les choses dicibles telles qu'elles sont en leur intimité. Chanter le monde, c'est en faire l'éloge pour dévoiler son secret, célébrer sa beauté, en lui donnant du sens comme figure poétique. Ainsi, la louange du monde marque un repli sur l'être jusqu'à l'ultime limite du saisissable ; dans le même temps, elle garde une trace impérissable de tout ce qui, *continûment*, meurt dans les choses. Rilke éprouve au plus profond de lui-même un vif

---

[1] « Lettre du 20 février 1914 » à Lou Andreas-Salomé, in Philippe Jaccottet, *Rilke par lui-même*, *op. cit*, p. 100-101.

[2] Septième Élégie, in R. M. Rilke, *Les Élégies…*, *op. cit.*, p. 77.

déchirement, car il est sans cesse aux prises avec un conflit irréductible, propre au témoin toujours insatisfait de son témoignage.

5 - Vérité du poème

Le poème reflète l'idiosyncrasie de Rilke, disposition personnelle particulière à réagir à l'appel de la réalité. Mais si elle constitue un point d'origine, l'intériorité est transformée dans l'expérience esthétique, qui confère ainsi au poème non seulement une cohésion formelle mais aussi une cohérence symbolique. En tous points, l'intériorité se transforme dans la forge même du poème. Cette formation de l'œuvre lui permet par conséquent de délivrer un sens plus que personnel. Voilà pourquoi nous avons évoqué le reflet, la résonance de l'idiosyncrasie dans le poème. C'est ainsi que la singularité se dépasse ou plutôt se répercute dans le style imprimé à l'œuvre. Comprenons bien. Si la personnalité détermine et influence le style, elle ne le fait pas pour autant de manière mécanique, à coup sûr ; de même, le style n'exprime pas toujours (directement) la personnalité. La personnalité, qui a donné naissance à l'œuvre et l'a irriguée, imprime un style qui ne consiste pas à la simple transposition du vécu à l'acte de création, pas plus d'ailleurs qu'il ne rassemble un ensemble de valeurs formelles facilement repérables. Pour une grande part, la personnalité influence la façon de donner une forme particulière au dire, c'est-à-dire détermine le style par lequel Rilke s'exprime à travers la loi propre au poème, en tant que forme accomplie. « Précisément parce que l'artiste, écrit Luigi Pareyson, n'a pas d'autre manière de s'exprimer que le faire et que son faire est, par cela même, un exprimer, justement parce que dans l'œuvre d'art être et dire coïncident et qu'en elle il n'y a d'autre dire que l'être ni d'autre être que le dire. » [1]

Dans son tranchant ontologique, le poème garde par-devers lui la trace de ce qui l'a motivé ; il honore ce qui l'a faite naître, le caractère inchoatif d'une motivation : dire les choses dans une parole « magnifiante » (pour reprendre le mot du poète). En telle manière que puisse se célébrer le « temps des choses dicibles » a-t-il souvent confié. Ou encore « dire tout ce que les choses elles-mêmes jamais ne pensèrent être dans leur intimité ». Voilà en quoi consiste la vérité du poème : comme en son cœur, convoquer le monde dans le poème afin d'en faire la louange. Le recours à la « figure » permet de faire transiter, transformé, le mouvement intérieur en formation active dans la parole poétique, et de trouver sa matérialité ultime dans la vérité du poème.

Ainsi la libre exigence du poème excède-t-elle la simple manifestation de soi sans pour autant renoncer à témoigner de soi, en instaurant un rapport indirect à ce qui l'a engendré. C'est ce qu'avance Montaigne qui attribue au courage de parler de soi la capacité de dire en vérité (« Car le n'oser parler rondement de soi, accuse quelque

---

[1] Voir Luigi Pareyson, *Conversations sur l'esthétique*, Paris, NRF Gallimard, coll. « Bibliothèque de Philosophie », trad. de l'italien par G. A. Tiberghien, 1992, p. 126.

faute de cœur »), seulement dans la mesure où ce dire « témoigne franchement de lui comme de chose tierce ».[1] En somme, le courage d'être soi, (forme de sagesse tendue vers l'autre, selon Montaigne) par lequel l'affirmation du sujet s'exerce par l'intermédiaire de l'œuvre *en-tiers-de-soi*, correspond à un jugement distancié du poète sur-lui-même. C'est donc bien à partir de ce regard déplacé que Rilke porte sur lui-même que l'on s'appuiera pour juger le poème. La destitution du sujet psychologique au profit d'un sujet « désassujetti », si l'on peut dire, se met au service de l'autonomie de l'œuvre ; elle atteste de fait ce mouvement – et Schopenhauer l'a fort bien analysé -, par quoi l'esthétique advient, d'un sujet qui cesse de dire « moi, je » pour dire : « cela est ainsi ». Schopenhauer parle du « Moi pur » du créateur comme « clair miroir du monde ». Il développe une thèse selon laquelle il y a une qualité, un point de la subjectivité qui se détourne du « subjectivisme » et se consacre entièrement à *rendre justic*e aux choses.

Rilke dans sa correspondance à la Princesse Marie de la Tour et Taxis conclut une de ses lettres en évoquant ce point où, sa subjectivité se trouvant dessaisie, lui permet d'honorer les choses à dire : « La voix qui se sert de moi, est plus que moi-même, – je ne fais que bruire comme le buisson qu'agite le vent, et il me le faut subir ». [2] Il avance là, en quelque sorte, un principe de « désassujettissement » inhérent à la contemplation : par cette contemplation pure et tout entière absorbée dans l'objet qu'il crée, le sujet (pur) oublie sa personnalité, si l'on veut, pour la transférer dans le poème ; il se réfère conséquemment à une forme

[1] Voir Michel de Montaigne, « De l'art de conférer », in *Essais*, Livre troisième, (1588), Paris, Le livre de poche, 2002, p. 261.

[2] « Lettre du 12 janvier 1912 », in R. M. Rilke, *Correspondance avec Marie de la Tour et Taxis*, *op. cit.*, p. 60.

d'objectivité opposée à la « direction subjective » dictée par sa seule volonté. D'ailleurs, pour Schopenhauer, la « puissance cognitive » du créateur en se libérant de la simple volonté individuelle commune se présente comme un surcroît d'être qu'il peut ainsi investir dans l'œuvre : « c'est cet excédent qui, devenu libre, sert à constituer un objet affranchi de volonté, un clair miroir de l'être du monde. » [1] En un certain sens, le sujet pur cesse d'être simplement individuel ; affranchi, libéré de toute autre dépendance, il s'oublie pour privilégier l'épanouissement de la vérité des choses qu'il contemple : « (...) tout se passe, écrit Schopenhauer, comme si l'objet existait seul, sans personne qui le perçoive (...) celui qui est ravi dans cette contemplation n'est plus un individu (car l'individu s'est anéanti dans cette contemplation même), c'est le sujet connaissant pur, affranchi de la volonté, de la douleur et du temps. » [2] En le dégageant de la volonté, le philosophe pose là un des principes qui érigent le monde comme représentation. Ainsi, le sujet devient pur et entier tandis qu'il rend justice à la vérité de l'œuvre qui se montre comme une *objectivité adéquate*, pour ainsi dire, en maintenant un équilibre tendu entre sujet connaissant et objet de l'intuition : « d'une part, en effet, l'objet n'est autre chose que la représentation du sujet ; d'autre part, le sujet qui s'absorbe dans l'objet de l'intuition devient cet objet même, attendu que la conscience n'en est désormais que la plus claire image. » [3] Pour autant, nous ne suivons pas entièrement Schopenhauer, qui semble dire que l'art, par une sorte de nouage intuition-expression, a déjà trouvé sa forme dans l'esprit du créateur. On ne voudrait pas laisser penser que l'art se résume à une activité purement intérieure et spirituelle, ni que la production de l'œuvre ne

---

[1] A. Schopenhauer, *Le Monde comme volonté...*, *op. cit.*, § 36, p. 240.
[2] *Ibid.*, § 34, p. 231.
[3] *Ibid.*, p. 232.

résulte que de l'exécution d'une représentation intérieure, déjà mise en forme.

S'il rend justice à la vérité du poème, Rilke le fait, très précisément, en dissociant l'intuition de l'expression dans le dire poétique (forme qui s'objective dans le support du poème : l'agencement des mots, la succession des phrases, la prosodie des vers, etc.). Il faut admettre qu'un poème n'est jamais un produit fini, que régit l'ordre du temporel : l'un purement en-soi (une « pure unicité », sans rapport ni intercession) ; plutôt, il participe de la durée. Cela est dû à ses structures internes où s'enveloppe toute la puissance évocatrice de la langue (composition linguistique, valeurs phonétiques et sémantiques et de leur action réciproque) : là réside ce que l'on pourrait appeler le système du poème. En telle manière que l'affirmation poétique instaure une distance insurmontable entre le monde du poème et l'infini qui se reflète en lui : « C'est un rapport spécial, pas celui entre ce qui est dit et ce qui reste non-dit à l'infini, mais entre ce qui est dit et l'infini comme tel, c'est-à-dire : l'indicible. » [1]

Cela ne saurait mieux confirmer l'impression qui reste attachée à la vérité d'un poème de Rilke, dans lequel une parole singulière ne cherche pas tant à s'affirmer comme continuum d'une intériorité que comme rupture radicale, transformation intégrale nécessaire pour vraiment dire le monde ; facilitant en cela d'autant plus sa rencontre qu'elle ne semble pas en faire la promotion. En forgeant ses phrases, Rilke transforme en fait la matière du monde, l'utilise ou la prolonge dans l'exécution du poème. Dans un cercle qui rend indiscernables le fond et la forme, le poème réalise l'espace des figures dans l'expression de

[1] H.-G. Gadamer, « Témoignage et affirmation », in *Le témoignage*, *op. cit.*, p. 163.

son dire entre retrait *et* appel. Le poème est son propre témoin ; c'est même, dirait-on, sa *raison d'être* : *être le Tiers comme tel*. C'est bel et bien aussi ce par quoi la subjectivité à la fois s'aiguise par un aspect et se destitue quand elle paraît s'affranchir de la volonté du poète où l'arbitrage du poème respecte un parfait équilibre entre excitation et désistement. Ainsi la subjectivité n'est-elle que par l'œuvre ou plutôt *pour* elle. Là est l'autonomie de l'œuvre, voire son autotélie (car il y a une téléologie immanente de la forme). « Le poème, écrit Hans Georg Gadamer, ne se tient pas là devant nous, comme ce par quoi quelqu'un veut nous dire quelque chose. Il est là et se tient de lui-même. Il se trouve de la même manière en face de celui qui le compose et de celui qui le reçoit. Détaché de tout vouloir dire il est là, dans son intégralité, parole de part en part. » [1] Si le poème poursuit un vouloir dire propre à la création, en tant qu'œuvre, il se pose en Tiers (entre la création et la réception), et ne s'étaye alors que de lui-même. C'est donc bien à partir de cet horizon de particularité que s'opère la rencontre avec ce qu'il dit et ce qu'il laisse entendre ; s'il autorise des variations du sens, voire des remaniements, ce n'est qu'à partir d'une vérité intrinsèque (sa véracité, disions-nous plus haut). C'est pourquoi, dans le monde qu'il présente comme une cause immanente, le dire poétique amène au partage du sens, par sa révélation - en tant qu'elle ne porte pas sur un sens extérieur au lieu où elle se développe : le poème. Au-delà de sa communication, ce qui caractérise le poétique tient au fait qu'il sollicite la rencontre en disant quelque chose en faveur (*aliquid pro aliquo*) du poème. Voilà pourquoi un poème de Rilke dénote souvent une vérité liée à une affectivité, une *Stimmung* (ambiance), qui ne peut être réduite à des significations (abstraites). En cela d'ailleurs le dire du poème n'est donc pas seulement signification

---

[1] H. -G. Gadamer, *L'actualité du beau*, *op. cit.*, p. 189.

(*Bedeutung*), mais bien « signifiance », dans l'acception particulière où l'entend Hegel (*Bedeutsamkeit*), c'est-à-dire sens indissociable de la forme qui le manifeste.

Force de conviction, l'œuvre ne peut pas se prouver par raisons extérieures ; elle est *index sui.* En livrant une réalité qui opère sur elle même, elle réalise son être propre tout en introduisant un rapport à la vérité. Pour Heidegger, l'artiste, dans un processus qui le dépasse, permet à la vérité de se produire elle-même dans l'œuvre. Et de leur côté, les spectateurs répondent à cet appel de la vérité en l'accueillant et en la sauvegardant comme des gardiens (*die Bewahrenden*). Mais ne nous trompons pas sur les termes « accueil » et « sauvegarde » qui pourraient laisser croire à une passivité de la réception de l'œuvre. En effet, si l'on suit Heidegger, plus que d'une réception passive de l'œuvre, il convient en réalité de concevoir le rôle du spectateur comme partie prenante dans le dévoilement de la vérité enveloppée dans l'œuvre : « La sauvegarde de l'œuvre, écrit Heidegger, est, en tant que savoir, la calme et lucide instance dans l'insaisissable vérité advenant dans l'œuvre. » [1] L'expression grecque *aletheia* (vérité), qu'on traduit au mieux par « l'absence de dissimulation », en tant qu'elle est toujours liée aux mots énoncés, signifie « dire ce qu'on veut dire » en utilisant les propriétés du langage. Si ce premier sens de vérité se réfère au fait qu'on dise le vrai - qu'on y dise ce qu'on veut dire et ce qu'on pense - il se complète d'un second sens, lié au langage philosophique : l'absence de dissimulation tient aussi au fait qu'*une chose* « dise » ce qu'elle « veut dire ». « Est vrai ce qui se montre tel que cela est. » [2] Cette précision suppose que l'œuvre dit authentiquement, sans

---

[1] Martin Heidegger, « L'origine de l'œuvre d'art », in *Chemins qui ne mènent nulle part*, Paris, Gallimard, 1962, p. 53.
[2] Voir Hans-Georg Gadamer, *L'actualité du beau, op. cit.,* p. 190.

qu'il soit besoin qu'elle cherche à le faire ; elle se libère du rapport à la vérité *stricto sensu* qui ne coïncide pas toujours avec que l'on veut dire effectivement, ni ce que l'on souhaite représenter. Aussi, ce qui pourrait se confondre avec un accent vrai de la sincérité, se révèle être, dans le poème, une forme d'authenticité (pure vérité d'un dire vérace) qui lui vient de ce que son dire est *véritable*, « non celé » dit Heidegger (*unverborgen*). Le dire est vérace parce qu'il *dit en vérité* : il se *conforme* d'abord à la faille entre le langage et les choses puis se *conforte* définitivement dans la manifestation de cet écart.

Si, bien sûr, le poème est porté par une quelconque intention du poète, l'accomplissement de celle-ci en efface la visée au profit de son effet. [1] Dans son effet s'indiquent toutes les possibilités d'être du poème lui-même. Aussi, en glorifiant les choses à dire, un poème de Rilke s'exerce humblement sur ce qu'il exprime ; il est d'autant plus vérace qu'il poursuit l'idéal de son effacement au bénéfice des choses mêmes. Dans le poème, les choses accèdent à *leur* vérité. Cette dernière, dans son pur épanouissement, n'est toutefois pas confisquée (solipsiste), elle est plutôt spéculaire. Dans l'ambiguïté d'un clair-obscur, la vérité du poème révèle à la fois le monde *et* l'opacifie ; en fait plus qu'une indistinction, elle suggère l'assise même où elle repose, fondation du lieu-d'être : son fond sombre. Pour bien se représenter un tel effet, il faut avoir à l'esprit ce que montre l'image au miroir, comme un au-delà ou un en-deçà de la réplique parfaite. Après l'emprunt du tain, le miroir ne restitue pas l'image à l'identique, il la ravit tout autant qu'il la présente (reformée). En traversant l'épreuve de sa transparence obscure, l'image est hantée pour toujours par ses spectres.

---

[1] Sur la visée de l'œuvre, voir Gérard Genette, *L'œuvre de l'Art. La relation esthétique*, Paris, Seuil, coll. « Poétique », 1997, p. 249.

Un tel effet d'absentement s'éprouve au travers de la poésie de Rilke, porteuse tout à la fois d'éblouissements et d'obscurité, où s'épanouit la vérité du poème. La vérité se forme *librement* dans l'espace et dans le temps du poème qui, par sa « cohérence », lui confère en fait sa consistance *impartiale*, tout en laissant son avenir non prédit. À travers ses diverses flexions, le dire fait ainsi transparaître le sens, qui agit par une sorte de mouvement de retrait, sans fin, en une exigence de se suspendre. Dans cette attente du sens, mis pour ainsi dire entre parenthèses, le poème s'indique comme appelant, arbitre lui-même arbitré : candidat à la reconnaissance. Il n'est donc pas seulement information : il est formation. Le sens est sa propre injonction - son pari même. Ainsi se dépasse la « nature de fait » du poème.

Platon a souligné qu'il appartient à l'essence de tous les arts de ne pas porter en eux-mêmes la mesure et le but de leur pouvoir et de leur savoir. C'est la raison pour laquelle doit s'opérer une transaction entre l'œuvre et sa réception, comme la rencontre de deux horizons. [1] Pour ce qu'il en est précisément du poétique, Paul Valéry écarte l'idée d'un *continuum* substantiel entre créateur et récepteur (« producteur et consommateur sont deux systèmes essentiellement séparés », écrit-il), tout en considérant *la réception comme une action.* [2] Chez Rilke, la transaction s'opère entre les propriétés du poème (son *topos idios*, le lieu propre qu'il développe) et la façon dont la réception

---

[1] Hans-Robert Jauss a développé cette notion de transaction pour évoquer la rencontre de deux horizons : entre création et réception. Se reporter à Hans-Robert Jauss, *Pour une esthétique de la réception*, Paris, Gallimard, coll. « Tel », 1978.

[2] Sur la production de l'œuvre, voir Paul Valéry, « Première Leçon du Cours de Poétique », in *Œuvres* I, Paris, NRF Gallimard, coll. « Bibliothèque de la Pléiade », 1957, p. 1346.

peut se l'approprier. La rencontre s'appréhende dans une *expérience* sensible à partager : elle fait se rejoindre le mouvement de la production de l'œuvre et le mouvement de la réception vers l'œuvre. Le mot « expérience » est ici à prendre dans sa conception originaire qui est attachée à l'idée de déplacement. [1] C'est pourquoi il faut en fait se représenter le véritable avènement de l'œuvre comme résultant de la rencontre de deux mouvements : la création et la réception. Poème et récepteur sont donc pliés à la posture du témoin ; par la réciprocité qui les unit, ils sont tous deux engagés, *mutatis mutandis*, dans la logique - parfois sans logique, d'ailleurs - interminable de l'appel jamais entièrement comblé. C'est bien en cela précisément que l'on pourrait aller jusqu'à dire qu'une telle relance mutuelle est comparable, dans la recherche de l'accord du sentiment qu'elle présente, à l'intersubjectivité kantienne, au *sensus communis* qui est non pas un sens commun de fait, mais bel et bien le principe postulé d'un assentiment universel : l'accord *comme* sentiment chez Kant appelle le sentiment *de* l'accord. [2]

En raison même de tout ce que nous venons ici de développer, il apparaît donc naturel que pour s'accorder pleinement à la vérité d'un poème de Rilke, l'on doive se

---

[1] Déplacement car on trouve la racine « per » dans *expérience* : « La préposition grecque *pros*, formée de cette racine, sert pour désigner le mouvement d'aller vers... aussi bien que celui de venir de..., "per" signifie "à travers". » Se reporter à Henri Maldiney, *Avènement de l'œuvre*, Saint-Maximin, Théétète, coll. « Des lieux et des espaces », 1997, p. 71.

[2] Nous parlons d'assentiment car, pour Kant, le sens commun est en réalité un principe subjectif déterminé par le sentiment seul et non par des concepts, mais toutefois d'une manière *universellement valable* donc *universellement communicable* : le *sensus communis* marque en cela l'idée d'un sens commun à tous. Voir à ce sujet Emmanuel Kant, *Critique de la faculté de juger*, Paris, Vrin, trad. A. Philonenko, § 21, 1946, p. 79.

livrer à un travail d'herméneutique afin d'emprunter au mieux le sinueux et difficile passage entre l'intentionnalité du dire et son interprétation. Cela ne signifie pas pour autant que la teneur d'une telle poésie soit absolument hermétique, ni même qu'elle en appelle à une sorte d'idéal transcendant pour la comprendre au mieux ; simplement : ses modalités expressives transitent dans la résonance du dire. C'est pourquoi, si on s'engage vraiment dans un exercice d'interprétation, on s'apercevra alors que, dans la résonance du dire, le poème procède en réalité à une ouverture latérale s'exerçant comme un mode second, une transitivité, un complément à son objet d'immanence. [1] Le poème rilkéen ne dévoile donc pas une vérité absolue : par nature, l'Absolu est éminemment, c'est-à-dire disqualifie tout ce que l'on pourrait manifester (relativement) à son sujet ; pas plus qu'il ne postule l'idéal d'une vérité « là tout entière ». Si le dire est affermi, par homologie, dans le moment où la réception parvient à le faire sien, l'œuvre rilkéenne n'est toutefois pas « laxiste » si l'on peut s'exprimer ainsi : si elle est généreuse, elle ne permet pas cependant de dire n'importe quoi à son sujet. Le poème s'appuie sur des portants qui étayent le dire et l'orientent vers une voie particulière, tout en laissant la liberté de s'en écarter sans pour autant favoriser une errance du sens désarrimé de l'œuvre. Cela est possible en raison du fait que le poème « documente », dénote une certaine réalité ou, pour mieux dire, libère du réel dont il permet aussi de se dégager. Là est en fait le parachèvement de l'œuvre, sa réussite, qui, par son pouvoir d'évocation, se présente comme sollicitation, proposition à interpréter.

Pour Gadamer, si comprendre est le mode fondamental de connaissance anthropo-sociale - mode d'être du *Dasein*

---

[1] Gérard Genette, *L'Œuvre de l'art. Immanence et transcendance*, Paris, Seuil, coll. « Poétique », 1994, p. 185.

lui-même, c'est bel et bien sous une forme qui résiste à la pure compréhension qu'on peut en avoir que s'opère la rencontre avec l'art. [1] Tel est d'ailleurs le propre du trait poétique, selon Salah Stétié : « Reconnaître la poésie (...) pour ce qu'elle est, - non pas vraiment un inconnaissable, ni même un inconnu définitif, mais, dans le soudain éclair de sa prise en charge, une totalité opaque à vocation probable de transparence : certitude suspendue en attente (…) et c'est, entre lampe et nuit, l'éblouissement par cela qui maigrement éclaire ou par ce qui, faisant ténèbre, semble espérer de sa nuit même un impétueux dégagement solaire et l'exigence d'un déchiffrement. » [2] Déchiffrer un poème de Rilke n'équivaut donc pas à sa mise en lumière totale, mais à approcher, un tant soit peu, le véritable fond où pulse vraiment le sens, sa profondeur intrinsèque. C'est la promesse de l'œuvre rilkéenne, que d'entrouvrir ainsi son sens à un possible éclairement. Rien d'étonnant alors à ce que le poème résiste parfois à la pure compréhension (linaire, directe) ; logique aussi qu'il laisse, après maintes lectures, l'impression de préserver toujours par-devers lui quelque chose d'insu, comme la demeure inviolable d'une puissance gardée après que l'acte s'est réalisé : provision inaltérable qui préserve sauve et intacte la ressource d'une immense singularité sensible. Dans cette réserve même, l'intériorité du poète s'abrite derrière le caractère fuyant et insaisissable du sens que le poème libère comme fantôme, hantise. Voilà pourquoi le poème, tenu, qui n'offre pas de prise trop évidente, semble se placer automatiquement en retrait. Pour l'appréhender vraiment, il convient en fait de

---

[1] À l'origine, la démarche herméneutique est l'exégèse des textes sacrés des pères de l'Église pour y retrouver le sens de la parole révélée. Voir à ce sujet Hans-Georg Gadamer, *Vérité et méthode. Les grandes lignes d'une herméneutique philosophique*, Paris, Seuil, trad. de l'allemand par E. Sacre, 1976.
[2] Salah Stétié, *L'interdit*, Paris, José Corti, 1993, p. 16.

se le représenter dans toute sa réelle dimension structurale, comme un rythme dont le subtil mouvement, imprimé entre dicible et indicible, instaure un nœud de rapport, un rapport-aux-rapports. A ce moment-là, on peut se rendre compte qu'il est bien une force vivante, dont l'énergie agissante exprime à la fois l'être propre de l'œuvre et ce qui développe un surcroît d'être dans l'œuvre.

Épilogue

Il est apparu intéressant, ici, de privilégier le caractère ontologique dont le poème de Rilke hérite car le dire y trouve sa raison d'être. À l'appel de l'innommable, le poème répond comme mise au travail de la sensation et de la pensée. En s'appuyant sur l'épreuve de l'angoisse, il n'en émousse pas la dimension ontologique mais bien au contraire l'avive, en la transformant, dans l'acte poétique.

C'est sur ce fondement que repose l'œuvre qui porte à ses limites la possibilité de dire, par l'intermédiaire des figures, dont l'ange – l'interventionniste par excellence, pour le poète - occupe une place centrale. Dans sa surrection, l'ange est appelé par Rilke qui, selon ses mots, *en provoque la montée*, au moment où son dire menace de se raidir. Mais ce n'est ni pour sa hauteur, ni même sa nature passionnée qu'il le requiert, mais pour sa puissance d'expression logée au cœur même du dicible. Parce qu'il englobe toute existence, l'ange, figure plastique s'il en est, permet de dire les choses dicibles et toutes celles qui sans son intervention resteraient pétrifiées dans l'indicible. En tant que puissance de transformation, mêlée d'effroi et de ravissement, qui amène le *non-dicible* au dire, l'ange accompagne toujours le poète dans la découverte d'un pur accroissement intérieur, perçu dans les perspectives qu'il ouvre comme une ressource infinie (« J'ai un intérieur que j'ignorais », s'étonne-t-il). Il apparaît donc que Rilke invoque l'ange afin d'agrandir son paysage intérieur, espace insérant la vie dans la mort. Avec l'aide de l'ange, il s'ouvre vraiment au monde, dont l'afflux permet de convertir l'atteinte de l'angoisse en choses d'art, dans une intériorisation là encore infinie. Mais, si l'ange lui permet d'explorer autant que possible son intériorité, c'est fuyant qu'il l'inspire en réalité. Par les effets métaphoriques d'une présence-absence, son intercession s'appréhende en fait comme un seuil d'indistinction entre l'intériorité et le monde : passage par l'Autre et adresse à l'autre, Tiers. Voilà pourquoi le poème constitue sa forge comme une *œuvre-en-tiers-de-soi*. Le poète requiert l'ange en tant que garant, à la fois l'altérité même et l'altération radicale, capable en fait de « désassujettir » une certaine tendance au subjectivisme dans le poème où l'implication peut ainsi s'équilibrer avec une forme de dessaisissement. Sous le mode à la fois du désistement et de l'insistance, le poète peut alors librement restituer sans pathos ni affects mêlés toutes les épreuves traversées subjectivement, tout en faisant émerger de cette profondeur des désirs enfouis. Ainsi, le poème peut-il témoigner au plus haut point de l'intériorité et renvoyer ailleurs infiniment : c'est ce qui détermine son amplitude.

Inductif, le dire creuse un espace intérieur au poème, dont la profondeur se présente comme un monde qui abrite un sens fuyant, qui n'arrête pas de verdict définitif. D'où la place octroyée à l'interprétation : structurée par ses portants, l'œuvre oriente vers une signification mais ne la fige pas entièrement ; elle offre toute liberté d'éprouver la forme éclatée du dire. N'étant pas de l'ordre du discours, le dire poétique permet néanmoins de discourir à son sujet. Son appel, depuis un fond d'altérité, impulse un élan qui sollicite le mouvement de l'autre et favorise, ce faisant, une forme d'intersubjectivité ; en instaurant un rapport-aux-rapports, disions-nous, le poème consent à son relais en encourageant sa réception.

Le poème ne cherche pas à traduire la réalité ; par l'extension que lui offre la Figure, il la fait éprouver en la restituant dans les sensations fragmentées du dire. Une telle transformation assoit l'autonomie de l'œuvre par la distance qu'elle prend avec l'événement : le poème se refusant à livrer strictement la réalité *comme* ce qu'elle est, la suggérant *pour* ce qu'elle est. C'est ce qui explique que le poème porte en lui, préservée, une part irréductible au dévoilement. Sa réserve est puissance gardée. Comme si l'intentionnalité profonde du poète s'était déposée dans les mots sans qu'il ait eu besoin de l'appuyer ou d'en souligner les effets. En telle manière que la conviction poétique, transmise dans une forme expressive subsumant la singularité, marque un projet ambitieux : transformer la réalité à laquelle le poète s'affronte pour en aiguiser le tranchant ontologique.

Si Rilke cherche à transmettre quelque chose d'une réalité à dire, sans pour autant l'étayer explicitement, c'est pour laisser place aux exigences de l'œuvre : la vérité du poème. Le poème se révèle dans sa transparence obscure, en tant que révélation inaccomplie s'offrant à la rencontre. Il exprime une sorte de dimension excursive qui tient à la plasticité du dire d'un Dit voilé : une « révélation » qui naît dans tous les propos détournés (*obliquae orationes*) dans et par les figures. En définitive, la vérité du poème tient au fait qu'il ne se rend jamais à l'impossibilité de dire ; fruit d'une haute exigence poétique, il est tout entier affermissement du Dire : tout ce qui, pour célébrer et honorer vraiment les choses dicibles et rivaliser avec ce qui du réel ne peut l'être, trouve dans la Figure une ressource infinie. Dans l'écho de la Figure, le « vouloir dire » traverse le dire en s'en expulsant. C'est pourquoi, au-delà même de l'orientation qu'il poursuit, le poème semble ouvert sur une expérience non-finie, une sorte de latitude. C'est là sa transitivité : il est une réalisation dont l'acte n'est pas la fin.

Index des noms propres

Bibliographie

ARISTOTE, *La Poétique*, (IVe siècle av. J. -C.), Paris, Seuil, coll. « Poétique », trad. du grec par Roselyne Dupont-Roc et Jean Lallot, 1980.
HORACE, « Art poétique », in *Satires, Odes et Épodes, Épîtres*, (Ier siècle), Paris, Société des Belles lettres, coll. « Les Portiques », texte établi et traduit du latin par François Villeneuve, 1969.
LUCRÈCE, *De la nature*, (Ier siècle), Paris, Garnier-Flammarion, trad. du latin par Henri Clouard, 1964.
PLATON, *Le banquet. Phèdre*, (385-370), Paris, Garnier-Flammarion, trad. du grec par Émile Chambry, 1964.

ADORNO T. H., *Minima Moralia. Réflexions sur la vie mutilée*, Paris, Payot, coll. « Critique de la politique Payot », trad. de l'allemand par E. Kaufholz et J.- R. Ladmiral, 1991.

AGAMBEN G., *Ce qui reste d'Auschwitz. L'archive et le témoin. Homo sacer III*, Paris, Payot et Rivages, trad. de l'italien par P. Alferi, coll. « Bibliothèque Rivages », 1999.

- « Idée de la dictée », in *Idée de la prose*, Paris, Christian Bourgois, coll. « Détroits », trad. de l'italien par G. Macé, 1998.

- *Image et mémoire. Écrits sur l'image, la danse et le cinéma*, Paris, Desclée de Brouwer, coll. « Arts et esthétique », trad. collective de l'italien, 2004.

- *Le langage et la mort. Un séminaire sur le lieu de la négativité*, Paris, Christian Bourgois, coll. « Détroits », trad. de l'italien par M. Raiola, 1991.

AUERBACH E., *Figura*, (1938), Paris, Belin, coll. « L'extrême contemporain », trad. de l'allemand par M. A. Bernier, 1993.

BENJAMIN W., *Images de pensée*, Paris, Christian Bourgois, coll. « Détroits », trad. de l'allemand par J- F. Poirier et J. Lacoste, 1998.

- *Origine du drame baroque allemand*, Paris, Flammarion, trad. de l'allemand par S. Muller, 1985.

- *Paris capitale du XIX e siècle. Le livre des passages*, Paris, Le Cerf, trad. de l'allemand par J. Lacoste, 1989.

BERGSON H., *La pensée et le mouvant*, Paris, PUF, coll. « Quadrige », 1999.

BRÉHIER E., *La théorie des incorporels dans l'ancien stoïcisme*, (1962), Paris, Vrin, coll. « Bibliothèque d'histoire de la philosophie », 1997.

BUBER M., *Je et Tu*, Paris, Aubier, coll. « Bibliothèque philosophique », trad. de l'allemand par G. Bianquis, 1969.

CIORAN E. M., « Genèse de la tristesse », in *Précis de décomposition*, (1949), Paris, Gallimard, coll. « Tel », 2000.

FREEDMAN R., *Rilke. La vie d'un poète*, Arles, Solin Actes Sud, trad. de l'anglais par P. Furlan, 1998.

GADAMER H.-G., *L'actualité du beau*, Aix-en-Provence, Alinéa, coll. « De la Pensée », trad. de l'allemand par E. Poulain, 1992.

- « Témoignage et affirmation », in *Le témoignage*, Paris, Aubier Montaigne, 1972.

- *Vérité et méthode. Les grandes lignes d'une herméneutique philosophique*, Paris, Seuil, trad. par E. Sacre, 1976.

GENETTE G., *L'Œuvre de l'art. Immanence et transcendance*, Paris, Seuil, coll. « Poétique », 1994.

- *L'Œuvre de l'Art. La relation esthétique*, Paris, Seuil, coll. « Poétique », 1997.

GOLDSCHMIDT V., *Le système stoïcien et l'idée de temps*, (1953), Paris, Vrin, coll. « Bibliothèque d'histoire de la philosophie », 1998.

HEIDEGGER M., *Être et Temps* (1927), Paris, NRF Gallimard, coll. « Bibliothèque de philosophie », trad. de l'allemand par F. Vezin, 1986.

- *Qu'est-ce qu'une chose ?*, Paris, Gallimard, coll. « Tel », trad. de l'allemand par Jean Reboul et Jacques Taminiaux, 1971.

- « L'origine de l'œuvre d'art », in *Chemins qui ne mènent nulle part*, Paris, Gallimard, 1962.

JABÈS E., *L'ineffaçable L'inaperçu, Le livre des ressemblances*, III, Paris, NRF Gallimard, 1980.

JACCOTTET P., *Rilke par lui-même*, Paris, Seuil, coll. « Écrivains de toujours », 1970.

JAUSS H.-R., *Pour une esthétique de la réception*, Paris, Gallimard, coll. « Tel », 1978.

KANT E., *Critique de la faculté de juger*, Paris, Vrin, trad. A. Philonenko, 1946.

KAUFMANN P., *L'expérience émotionnelle de l'espace*, (1967), Paris, Vrin, coll. « Problèmes et Controverses », 1999.

LEVINAS E., *Autrement qu'être ou au-delà de l'essence*, Paris, Le Livre de Poche, coll. « Biblio-Essais », 1978.

- *De Dieu qui vient à l'idée*, Paris, Vrin, coll. « Bibliothèque des textes philosophiques », 1992.

MALDINEY H., *Avènement de l'œuvre*, Théétète, coll. « Des lieux et des espaces », 1997.

MARION J.-L., *La Croisée du visible*, Paris, La Différence, 1993.

MONTAIGNE M. (de), *Essais*, Livre premier et troisième (1580 et 1588), Paris, Le livre de poche, 2002.

NIETZSCHE F., *Ainsi parlait Zarathoustra*, (1883-85), Paris, Aubier, trad. de l'allemand par G. Bianquis, 1962.

- *Œuvres*, T. I et T. II, Paris, R. Laffont, coll. « Bouquins », trad. collective de l'allemand, 1993.

PAREYSON L., *Conversations sur l'esthétique*, Paris, NRF Gallimard, coll. « Bibliothèque de Philosophie », trad. de l'italien par G. Tiberghien, 1992.

RICOEUR P., - *La mémoire, l'histoire, l'oubli*, Paris, Seuil, coll. « L'ordre philosophique », 2000.

- « L'herméneutique du témoignage », in *Le témoignage*, Paris, Aubier Montaigne, 1972.

RILKE R. M., *Briefe II* vol. 4 : 351 (1892-1921), in *OEuvres 3, correspondance*, Paris, Le Seuil, trad. par Blaise Briod, Philippe Jaccottet et Pierre Klossowski, 1976.

- *Correspondance avec Marie de la Tour et Taxis*, (1910-1926), Paris, Albin Michel, trad. de l'allemand par P. Klossowski, 1960.

- *Les cahiers de Malte Laurids Brigge*, (1904-1910), Paris, Seuil, coll. « Points », trad. de l'allemand par M. Betz, 1996.
- *Les Élégies de Duino. Les sonnets à Orphée*, (1923), Paris, Garnier-Flammarion, trad. de l'allemand par J.-F. Angelloz, 1992.
- *Le livre de la pauvreté et de la mort*, (1903), Arles, Actes Sud, trad. de l'allemand par A. Adamov, 1982.
- *Lettres sur Cézanne*, (1907), Paris, Seuil, trad. de l'allemand par P. Jaccottet, 1991.

ROUSSEAU J.- J., *Essai sur l'origine des langues*, (1817), Paris, Bibliothèque du Graphe, 1969.

SCHOPENHAUER A., *Le Monde comme volonté et comme représentation*, (1873), Paris, PUF, trad. de l'allemand par A. Burdeau, 1966.

STÉTIÉ S., *L'interdit*, Paris, José Corti, 1993.

VALÉRY P., « Première Leçon du Cours de Poétique », in *Œuvres* I, Paris, NRF Gallimard, coll. « Bibliothèque de la Pléiade », 1957.
- « Le cimetière marin », in *Poésies*, Paris, NRF Gallimard, coll. « Poésie », 1999.
- « Situation de Baudelaire », in *Variété I et II*, (1924 et 1930), Paris, Gallimard, coll. « Folio-Essais », 1998.

Table des matières

Critique littéraire aux éditions L'Harmattan

Dernières parutions

OÙ EN EST LA LITTÉRATURE «BEUR» ?
Sous la direction de Najib Redouane
Trois décennies après l'émergence de ce nouveau et distinct groupe de jeunes issus de l'immigration maghrébine en France désigné comme « beurs », à la suite de la célèbre Marche pour l'égalité et contre le racisme, qu'en est-il de l'une de ses différentes formes d'expression artistique, à savoir ce qu'on a communément appelé littérature « beur » ? Le but de cet ouvrage collectif est justement de rendre compte de l'essor et de la singularité des différentes œuvres de cette nouvelle vague d'écrivains qui inscrivent une production romanesque considérable dans la mouvance du temps.
(Coll. Autour des textes maghrébins, 37,5 euros, 376 p., octobre 2012)
ISBN : 978-2-296-99298-6

QU'EN EST-IL DE LA LITTÉRATURE «BEUR» AU FÉMININ ?
Sous la direction de Yvette Bénayoun-Szmidt, Najib Redouane
Ce volume regroupe des études qui concernent la littérature « beur » au féminin. Le but de ce projet est de souligner la contribution apportée par la deuxième et la troisième générations issues de l'immigration maghrébine en France depuis les années quatre-vingt-dix. On voit apparaître de plus en plus de publications féminines par des voix distinctes qui réclament une identité propre, totalement détachée de cette dénomination de « beurette » jugée dépassée (...) beaucoup d'écrivaines optent pour la désignation de Franco-Maghrébines, proposant des écrits variés qui rompent avec les modèles et les schèmes établis par la première génération des beurs.
(Coll. Autour des textes maghrébins, 45 euros, 450 p., octobre 2012)
ISBN : 978-2-296-99302-0

À LA RECHERCHE DE L'IDENTITÉ JAPONAISE
Le shinto interprété par les écrivains européens
Sukehiro Hirakawa
Parmi les hommes de lettres occidentaux qui vinrent au Japon avant la Seconde Guerre mondiale, Pierre Loti, Lafcadio Hearn et Paul Claudel sont bien connus. Quelles sont leurs observations concernant le shinto (la voie des dieux) ? Elles sont examinées ici dans la perspective d'une mise en relation entre les attitudes culturelles incarnées par ces auteurs.
(15,5 euros, 156 p., octobre 2012) *ISBN : 978-2-296-56651-4*

THÉÂTRE (LE) DE KOFFI KWAHULÉ
Une nouvelle mythologie urbaine
Caroline Barrière
Koffi Kwahulé est originaire de Côte d'Ivoire et vit en France depuis plus de 30 ans. Dans ces circonstances, que signifient les notions d'africanité et de Noir ? Son théâtre met en lumière ce dilemme devenu une part importante du dialogue culturel en France. Sa réflexion s'articule autour de stratégies dramaturgiques qui consistent à subvertir les mythologies fondatrices de la culture européenne : la Bible, le mythe de Faust et les rituels de l'Église catholique, en transformant leur signification au sein des problématiques contemporaines du racisme et de l'immigration.
(Coll. Univers théâtral, 23 euros, 236 p., octobre 2012)
ISBN : 978-2-296-96278-1

POÉTIQUE (LA) DE KATEB YACINE
Mehana Amrani
S'il n'y avait pas les massacres du 8 mai 1945, disait Kateb Yacine, je serais resté un poète obscur. Kateb Yacine a choisi de faire de son propre vécu traumatique un poste d'observation des événements qui agitaient alors le monde colonial. Il construit, en mimant le modèle sociologique de l'observation participante, une sorte de poétique participante. Ce livre se propose justement de mettre au jour les facettes de cette poétique en montrant qu'elle est largement alimentée par une si singulière autobiographie.
(Coll. Critiques Littéraires, 18 euros, 166 p., octobre 2012)
ISBN : 978-2-296-99479-9

VILLES, VIES, VISIONS
Les villes, propriétés de l'écrivain
Sous la direction de Beïda Chikhi et Anne Douaire-Banny
Dans un monde de plus en plus urbanisé, les écrivains, habitants de mégalopoles et arpenteurs d'espaces imaginaires, occupent une place singulière, à la fois protagonistes, scripteurs et déchiffreurs. Le Centre International d'Études Francophones de la Sorbonne a réuni, lors d'un colloque à Abu Dhabi, des professeurs, romanciers, poètes, architectes et des urbanistes, venant de villes consacrées par la littérature, pour y appréhender de manière plus actuelle ces lieux déclarés «propriétés de l'écrivain».
(Coll. Espaces Littéraires, 27 euros, 266 p., octobre 2012)
ISBN : 978-2-296-99635-9

REPRÉSENTATION (LA) DE L'ARGENT DANS LES ROMANS DE JANE AUSTEN
L'être et l'avoir
Marie-Laure Massei-Chamayou
Qu'il soit lié aux thèmes du mariage, de l'héritage, de l'ascension sociale ou de la consommation, l'argent se trouve au cœur de l'œuvre romanesque de Jane Austen (1775-1817). En marge de la gentry et du marché matrimonial par son impécuniosité, elle utilise l'argent comme clef d'exploration multiple dans ses six romans. Sa modernité se manifeste dans son utilisation

audacieuse de la thématique économique pour dénoncer la violence des pratiques patriarcales et leurs effets sur la psyché féminine.
(Coll. Des idées et des femmes, 40 euros, 416 p., octobre 2012)
ISBN : 978-2-296-99341-9

FOLIE (LA) DES DISCOURS IDENTITAIRES DANS LES NOUVELLES LITTÉRATURES
Ygor-Juste Ndong N'na
Cet ouvrage met en lumière les griefs d'auteurs, à travers la subtilité de leurs textes, qui imputent à la colonisation et au néo-colonialisme la responsabilité de l'effondrement psychique de leurs personnages. Le colonisé, contaminé et oppressé mentalement et physiquement, reproduit le même comportement que les responsables zélés ayant eu pour fonction d'étendre l'idéologie civilisatrice. Le corpus d'étude est composé d'œuvres qui représentent parfaitement le continent africain.
(Coll. Espaces Littéraires, 26 euros, 260 p., octobre 2012)
ISBN : 978-2-336-00153-1

SAINT-JOHN PERSE, LE POÈTE EN SES MIROIRS
Le même, l'autre et le multiple
Jean-Louis Cluse
Cet essai se propose d'éclairer l'œuvre et la personnalité d'Alexis Leger – Saint-John Perse par l'examen d'un motif à la fois thématique et psychologique : la tendance au dédoublement, qui apparaît partout, aussi bien dans les poèmes que dans les autres textes, majoritaires, composant l'édition des œuvres complètes. Les poèmes mettent en scène des doubles spirituels gravitant autour de l'homme de songe et de l'homme d'action, dédoublement de personnalité que le poète diplomate revendique pour lui-même.
(Coll. Critiques Littéraires, 36 euros, 358 p., octobre 2012)
ISBN : 978-2-336-00352-8

ANDRÉ BRETON, GEORGES BATAILLE –Le vif du sujet
Frédéric Aribit
La rencontre de Georges Bataille et André Breton pourrait bien servir de détonateur de la modernité à plus d'un titre. L'histoire de cette confrontation est ici reprise, en tentant d'en éclairer les enjeux dans les champs du savoir successivement concernés. Des romans familiaux jusqu'à la Seconde Guerre mondiale, où les dissensions s'apaisent. On y entend quelque chose comme un dialogue, qui, avec l'automatisme collectif ou les jeux, voire avec un certain partage de silence ou une surenchère dans le potlatch, est peut-être le propre de l'échange surréaliste.
(Coll. L'écarlate, 30 euros, 316 p., octobre 2012) *ISBN : 978-2-296-99703-5*

INTRODUCTION À MOI, LAMINAIRE... D'AIMÉ CÉSAIRE
Édition critique
Mamadou Souley Ba, René Henane, Lilyan Kesteloot
«En 1982, Aimé Césaire fait paraître, ce qui sera son dernier recueil de poésie publié : *Moi, laminaire...* Cet ensemble en trois parties constitue à maints

égards un bilan de son œuvre poétique et de sa confrontation à la vie et à l'histoire. Un bilan souvent désenchanté, même s'»il n'est pas question de livrer le monde aux assassins de l'aube». Les textes du recueil qui les rassemble dans un désordre lui-même battu par le vent et les vagues ont été écrits sur une période de quinze ans. Mamadou Souley Ba, René Hénane et Lilyan Kesteloot (dépositaire d'une vingtaine de poèmes manuscrits), ont reconstitué la genèse de *Moi, laminaire*.» (Jean-Pierre Orban.)
(29 euros, 278 p., octobre 2012) *ISBN : 978-2-296-96639-0*

NÉVROSE (LA) DE JEAN LORRAIN – dans *Histoires de masques*
Magda Ibrahim
Histoires de masques, de Jean Lorrain (1856-1906), écrivain décadent français, est paru en 1900. C'est un recueil de nouvelles fantastiques racontant chacune une expérience particulière du narrateur avec une forme différente de masque. En filigrane du thème principal qui est le masque, un autre thème sous-jacent apparaît : la névrose de Jean Lorrain. Bien nombreux sont les hommes névrosés, mais l'écrivain, lui, a l'avantage d'en tirer la meilleure partie.
(12 euros, 102 p., octobre 2012) *ISBN : 978-2-296-96261-3*

FRANCHISSEMENT (LE) DU MUR DANS LA LITTÉRATURE POSTSOVIÉTIQUE
Textes réunis par Françoise Hanus, Margaret Parry et Marie Louise Scheidhauer
La chute du Mur et l'effondrement de l'URSS ont popularisé en Occident la littérature postsoviétique. Nous connaissions Soljenitsyne ou Grossman mais, depuis l'éclatement soviétique, d'autres voix censurées, venues du fond des peuples opprimés, nous parviennent, du détroit de Behring, d'Estonie, de Hongrie, d'Ukraine ou d'Allemagne de l'Est, clamant par l'écriture le droit humain fondamental et universel de choisir soi-même son destin.
(14,5 euros, 138 p., octobre 2012) *ISBN : 978-2-336-00556-0*

ROMAN (LE) COMORIEN DE LANGUE FRANÇAISE
Ali Abdou Mdahoma – Préface de Robert Smadja
Né en 1985, avec la publication de *La République des Imberbes*, de Mohamed A. Toihiri, le roman comorien est passablement sorti de l'anonymat dans lequel il était confiné et a obtenu ses lettres de noblesse. Mais, il n'est toujours pas enseigné aux Comores, n'est pas toujours connu du grand public et n'avait pas fait l'objet d'une étude d'ensemble. Aussi, le livre d'Ali Abdou Mdahoma a-t-il pour but de donner un aperçu général de ce roman, d'identifier et de présenter les principaux romanciers comoriens et leurs œuvres au cours des années 1985-2005.
(Coll. Critiques Littéraires, 28 euros, 304 p., octobre 2012)
ISBN : 978-2-336-00295-8

L'HARMATTAN, ITALIA
Via Degli Artisti 15; 10124 Torino

L'HARMATTAN HONGRIE
Könyvesbolt ; Kossuth L. u. 14-16
1053 Budapest

ESPACE L'HARMATTAN KINSHASA
Faculté des Sciences sociales,
politiques et administratives
BP243, KIN XI
Université de Kinshasa

L'HARMATTAN CONGO
67, av. E. P. Lumumba
Bât. – Congo Pharmacie (Bib. Nat.)
BP2874 Brazzaville
harmattan.congo@yahoo.fr

L'HARMATTAN GUINÉE
Almamya Rue KA 028, en face du restaurant Le Cèdre
OKB agency BP 3470 Conakry
(00224) 60 20 85 08
harmattanguinee@yahoo.fr

L'HARMATTAN CAMEROUN
BP 11486
Face à la SNI, immeuble Don Bosco
Yaoundé
(00237) 99 76 61 66
harmattancam@yahoo.fr

L'HARMATTAN CÔTE D'IVOIRE
Résidence Karl / cité des arts
Abidjan-Cocody 03 BP 1588 Abidjan 03
(00225) 05 77 87 31
etien_nda@yahoo.fr

L'HARMATTAN MAURITANIE
Espace El Kettab du livre francophone
N° 472 avenue du Palais des Congrès
BP 316 Nouakchott
(00222) 63 25 980

L'HARMATTAN SÉNÉGAL
« Villa Rose », rue de Diourbel X G, Point E
BP 45034 Dakar FANN
(00221) 33 825 98 58 / 77 242 25 08
senharmattan@gmail.com

L'HARMATTAN TOGO
1771, Bd du 13 janvier
BP 414 Lomé
Tél : 00 228 2201792
gerry@taama.net

620065 - Septembre 2015
Achevé d'imprimer par
1livre.com
du rêve à la réalité !